지리산에
길을 묻다

지리산에 길을 묻다

초판인쇄 2014년 4월 30일
초판 2쇄 2019년 1월 11일

지은이 김성균 · 박경장 · 김찬수
사 진 김성균
그 림 박석동
펴낸이 채종준
기 획 권오권
편 집 한지은
디자인 이명옥

펴낸곳 한국학술정보(주)
주 소 경기도 파주시 회동길 230(문발동)
전 화 031) 908-3181(대표)
팩 스 031) 908-3189
홈페이지 http://ebook.kstudy.com
E-mail 출판사업부 publish@kstudy.com
등 록 제일산-115호(2000.6.19)

ISBN 978-89-268-6189-9 03090

이담 *Books* 는 한국학술정보(주)의 지식실용서 브랜드입니다.

아래로부터 읽은 공간사회 이야기

지리산에 길을 묻다

글 김성균 · 박경장 · 김찬수
사진 김성균
그림 박석동

이담
Books

　지리산은 이 땅의 모든 산 가운데 어머니 산이라고 한다. 깊은 골 첩첩산
중에 바위로 이루어진 것이 아니라 깊은 산중에도 농사가 가능한 땅, 생명을
일구는 땅이기 때문이다. 그래서 오랜 시간 지리산에 기대어 살아온 이들에
게는 어머니와 같은 산이다.

　언제부터인가 우리는 산의 봉우리를 밟고 메아리를 외치는 것이 커다란
무용담이었다. 너 나 할 것 없이 산의 가장 높은 봉우리를 향해 발길이 남겨
지기 시작했다. 빨리 정상에 가야 한다는 생각에 쉴 틈 없이 거친 숨을 몰아
쉬며, 하늘만 바라보며 앞만 보고 걷고 또 걸었다. 이것이 우리가 산을 대하
는 자세다.

　지리산을 한 바퀴 돌자면 약 백 리 정도에 이른다. 하나의 길로 최정상을
정복하는 쾌락보다는 백릿길을 걸으면서 지리산의 주능선을 바라보며, 때로
는 그곳에서 터를 이루고 살았던 사람들과 그들의 삶의 이야기를 상상하며
걸어보면 어떨까 하여 시작한 것이 지리산 둘레길이다.

　그래서 지리산 둘레길은 우리나라 최초로 길과 마을과 사람을 이은 인문
사회적 콘텐츠이다. 처음에는 지금의 지리산 둘레길 제3코스인 매동마을에
서 송대마을에 이르는 구간의 자원을 DB화하고 이야기를 모으는 일로부터
시작하였다. 매동마을, 상황마을, 중황마을, 하황마을, 중기마을, 원백일마을,

의중마을, 의평마을, 금계마을, 창원마을, 추성마을, 세동마을, 송대마을뿐만 아니라, 지리산을 이야기할 수 있는 자원들도 찾아 나섰다. 그것이 인월장, 발우와 목기, 손으로 직접 쌓아 만든 다랑논과 노동요, 그리고 전라도와 경상도를 넘나들던 고갯길 등구재, 우아한 품새를 감춘 조선솔 군락과 지리산 닥나무로 한지를 만드시는 마지막 어르신과 사라져가는 지리산 쇄집의 아쉬움을 달래려 손수 지으신 쇄집, 한국전쟁 당시 배움의 욕구를 달래던 빛바랜 표어 등이 지리산의 이야기이며 역사다. 깊은 산골을 찾아다니면서 만난 어르신은 대부분이 고령이어서 옛이야기를 듣는 것은 거의 불가능한 상황이었다. 더 큰 문제는 앞으로 10여 년 후 어르신이 돌아가시면 아래로부터 써온 그들의 근현대사는 역사적 조명까지는 아니더라도 그 의미 정도는 기록으로 남아야 할 텐데 모두 사라질 위기에 놓여 있다는 것이 지금의 현실이다. 어르신이 사라지는 것은 그 땅의 역사와 삶의 숨결이 사라진다는 생각에 아직도 마음이 무겁다. 이 책은 지리산 둘레길 콘텐츠를 발굴하면서 틈틈이 모아놓은 자료와 이야기를 엮어 만든 글이다. 이 책이 나오기 위해 노력해주신 이담북스 출판사 사장님과 관계자 분들께 진심으로 감사의 마음을 전한다.

2014년 2월
저자대표 김성균

지리산 둘레길 심볼

사람, 삶, 터가 있는 곳, 산내

설화에서는 지리산을 신라의 시조 박혁거세를 낳은 어머니의 산인 동시에 고유의 신선사상을 낳은 산으로 표현하고 있다. 고유신앙과 불교사상을 융합시킨 16세기의 유학자 남명 조식의 사상이 자리 잡은 산이자, 외침과 변혁의 시기를 당당히 맞서가면서 민족수호의 든든한 버팀목이 되기도 한 산이다. 지리산은 농민항쟁과 동학농민전쟁, 의병전쟁의 주 무대로 근대 변혁기의 각축장이기도 하였다. 그 외에도 교종불교와 선종불교가 공존하면서 불교사상이 성숙할 수 있었던 것은 지리산의 계곡과 준령 덕분이 아니었나 싶다.

지리산은 고유신앙과 불교사상이 융합한 한국사상의 산실, 호족세력을 키워낸 곳, 실천을 강조한 남명학파의 본산, 불교의 혁신과 팔만대장경 등 불교문화의 보고, 변혁과 개혁 민족운동의 거점, 영호남의 구심점으로 오늘에 이르고 있다. 지리산의 지세가 삶의 모습을 바꾸어왔다면 지금은 어떠한가?

지리산의 변혁과 개혁을 잊지 말라는 듯 지리산의 한 자락 산내가 새로운 변혁을 도모하고 있다.

흔히들 모둠살이 하면 더불어 사는 모습을 연상한다. 신자유주의와 세계화의 길목에서 모둠살이를 상상하는 것은 거의 불가능한 일인지도 모른다. 어떻게 살아야 할까?

지리산 깊은 산자락에 서울에서 버스를 타고 유일하게 지리산 자락과 인연이 닿은 곳이 있다. 백무동 쪽 길목을 가노라면 전라남도 남원시 산내면을 지나 경상북도 함양군 마천면과 휴천면을 지나게 된다. 백무동 자락을 통해 천왕봉을 오르는 길은 익숙할지 모르지만 그 길 속에 놓여 있는 마을이며 역사 문화적 의미는 그리 중요한 일이 아닌 것으로 인식되어 왔다. 인월면을 지나 산내로 들어서면 지리산의 능선이 어렴풋이 시선에 잡힌다. 그곳에 처음 맞닿는 곳이 남원시 산내면 실상사 들녘이다.

산내면은 1914년 남원군에 편입되기 전까지 운봉현(모산현)에 속해 있었으며 지리산 안쪽에 있는 동네라고 하여 붙은 이름으로 백제 때부터 산내방이라 불러왔다.

지금의 산내면은 임진왜란을 피해 사람들이 들어오면서 마을이 생기기 시작했으며, 1880년대 양반계급이 무너지고 사회가 혼란스러워지면서 이주해 오는 사람이 늘어 인구가 급격히 증가했다고 전해지고 있다.

산내면 지역은 1930년에 인구 약 5,000명이 거주할 정도로 제법 규모가 있는 지역이었다. 1970년에는 6,711명으로 가장 많은 인구를 기록한 적도 있다. 그러나 이후 새마을운동 등 조국근대화가 요동치던 1985년 3,873명까지 인구가 급격히 감소하게 된다.

지리산 자락의 작은 마을들이 모여 있는 곳, 산내지역이 보여주듯이 지리산은 사람들에게 변혁과 개혁의 장소가 아닌, 그저 전국 어디서나 볼 수 있는 몰락해가는 시골마을에 불과했다.

그러다 1990년대 들어서면서 실상사를 중심으로 사회변혁 운동이 조금씩 싹트게 된다. 그 화두의 중심은 마을공동체의 복원이다. 실상사를 중심으로 더불어 사는 모둠살이에 대한 이야기가 회자되기 시작한다. 마을공동체에 대한 진지한 고민이다. 이에 따라 대안학교의 한 형태인 중등과정 작은 학교를 개교한다. 화려한 도시의 체육관과 인테리어가 잘된 교실보다는 지리산의 바람, 물, 땅을 교실 삼아 컨테이너 박스에서 미래세대에 대한 희망을 밝

히기 시작한 것이다.

지리산 생명문화연구원이 생명의 중요성을 일깨우는 교육장으로 자리 잡고, 실상사를 중심으로 주변 마을에 하나둘씩 젊은 사람들이 모여들기 시작한다. 학창시절에 치열한 배움의 각축을 벌이던 젊은 친구들이 마을공동체를 이루기 위해 산내에 모여들기 시작한다.

그래서 아마도 전국에서 시골의 인구와 초·중등학교 학생 수가 유일하게 증가하고 있는 곳 중 하나가 산내지역이 아닌가 싶다.

이렇듯 산내는 글자 그대로 보면 산 안에 있는 곳이다. 인월에서 들어오다 보면 이런 곳에 마을이 있을까 할 정도다. 과거에 지리산이 주었던 변혁의 장소의 대통을 잇는 듯 지리산 자락 산내지역의 구산선문의 본산 실상사의 위엄을 지키려는 듯 이런저런 깨달음들이 모여 새로운 마을공동체 만들기를 바라는 희망이 싹트고 있다.

지리산 깊은 계곡과 푸른 강 마을, 마천

함양군 마천면은 지리산 국립공원 면적의 절반을 차지하고 있으며, 지리산 주능선 중 가장 높은 천왕봉을 비롯하여 중봉, 제석봉, 촛대봉, 칠선봉 등을 행정구역 안에 두고 있어 그야말로 지리산면이라 부를 만한 곳이다. 동쪽으로는 산청군의 금서면수西面과 삼장면三壯面에 접해 있고, 북쪽으로는 함양읍과 휴천면休川面, 남쪽으로는 하동군과 산청군, 서쪽으로는 전라북도 남원시 산내면山內面에 접해 있다. 총 9개 리로 이루어져 있으며 총면적 중 임야 면적이 88.7%에 이를 정도로 산지에 위치해 있다. 농경지 면적은 고작 7.9%인데, 대부분 산의 비탈진 경사면에 석축을 쌓아 만든 다랑논들이다. 마천면의 마을들은 지리산 계곡 중에서도 가장 깊고 길다는 칠선계곡과 지리산 마고할미가 백 명의 자식들을 무당으로 보냈다는 백무동 계곡을 따라 끼고 형성되었거나, 임천강 주변의 강을 끼고 형성되었다.

마천면의 마을들은 원래는 산내면에 위치한 신라천년고찰 실상사를 중심으로 마천면의 벽송사, 금대사, 안국사 등의 사찰을 중심으로 세워진 사하촌이었다. 고려시대 때 마천면의 원래 이름은 마천소馬川所와 의탄소義灘所였는데, 소所란 고려시대의 특수행정집단으로 지방특산물을 중앙에 공납하기 위해 만들어진 행정구역이었다. 마천소와 의탄소는 종이와 숯을 굽는 지소와 탄소였다. 종이 사용이 많았던 사찰 종이를 공급하고, 산촌 오지여서 숯을 구워 중앙에 공납했던 가난한 마을들이 모여 살던 곳이 마천이었다.

19세기 실학자 이중환은『택리지』에서 지리산은 깊고 험하지만 화전민도 천석千石을 한다고 할 정도로 그 골이 넓고 깊다고 했다. 이런 이유로 해서 역사에 패자로 몰린 유민들이 쫓겨 산속으로 은거한 곳이 지리산이었다. 그중 마천지역은 가락국의 마지막 왕인 양왕이 신라에 쫓겨 최후를 맞이했다는 전설이 곳곳에 전해 내려오는 곳이다. 구양리 마을 뒷산의 빈대궐터, 추성리의 추성산성과 두지터 등이 그것이다. 또한 우리 역사의 근현대사에서는 민족 간 좌우익이 가장 첨예하게 대립되었던 현장이 이 지역이기도 했다. 지리산에서도 가장 깊다는 칠선골과 백무동은 남로당 빨치산들이 10여 년간 치열한 무장투쟁을 벌이던 곳이었다. 산 곳곳에는 빨치산들이 은거하며 활동했던 루트에 함양군청에서 설치한 빨치산 비트가 실물 마네킹 조형물과 함께 설치되어 그때의 참상을 상기시키고 있다.

이렇게 역사의 상흔을 곳곳에 안고 있는 곳이지만 마천은 지리산의 아름다움을 한데 모아 놓은 곳이다. 지리산을 둘러싸고 있는 어느 지역보다 지리산을 가깝게 그리고 전체를 조망할 수 있는 곳이 마천이다. 임천강을 사이에 두고 천왕봉과 지리 주봉들을 마주 보고 있는 금대산은 금대제일이라는 말까지 나올 정도로, 지리 주능의 전모를 가장 지척에서 볼 수 있는 곳이다. 금대산 바로 밑의 안국사 인근에서는 맞은편 아래로 마천의 다랑논 풍경이 펼쳐진다. 이곳은 풍경사진작가들에게도 몇 손가락 안에 들 정도로 아름다운 촬영 포인트다. 백무동·칠선골의 원시 비경의 아름다움은 말할 것도 없거니와 이 골들에서 흘러나온 명경지수가 이룬 임천강의 용유담은 연중 짙푸른 물 깊이와 옥빛 물색이 주위의 천태만상을 한 바위들과 어우러져 일대 장관을 연출한다. 이렇게 아름다운 담과 바위에는 신라의 기승高僧 마적도사에 관한 전설이 얽혀 있어 신비함을 더한다. 함양과 마천의 관문인 오도재를 넘으면 만나게 되는 등구마을은 판소리 변강쇠전에서 주인공인 변강쇠와 옥녀가 전국 각지를 떠돌다 정착한 마을로 유명하다. 변강쇠가 길가 목장승을 땔감으로 자르다가 전국 팔도 장승들에게 800가지 벌을 받아 죽게 되었다는 설화와 더불어 화마로 머리가 잘려나간 벽송사 목장승이 사실과 허구를 뛰어넘어 묘한 드라마를 연출하기도 한다.

마천은 산이 높고 골이 깊은 산촌마을들이지만 외지와 고립된 벽지는 아니다. 덕유산과 지리산 등지에서 발원한 강물이 인월 산내를 거쳐 마천의 임천강을 이루고 산청의 경호강과 합수해 진주 남강이 된다. 남강은 마침내 낙동강이 되어 남해에 이르기까지 물길을 낸다. 이렇듯 마천은 예로부터 물길로 이어진 주요 교통로였고, 지리산 동부지역의 물산교류를 담당하는 젖줄이었다. 지금도 지방 60번 도로가 강을 끼고 경상도와 전라도를 남북으로 잇고 오도재와 지안재의 잿길도로는 함양을 동서로 잇는 주요교통로가 되고 있다.

이렇듯 마천은 지리산에서도 깊고 험한 계곡에 위치해 있으면서도 주요 고개와 물길로 서로 다른 지역의 문과 물을 이어주는 교통로다. 유서 깊은 사찰과 민간신앙인 무속이 한데 어우러지며 정신적·문화적으로 공존해왔던 곳이지만, 이념적으로는 치열하게 대립했던 피의 고장이기도 했다. 하지만 이 모든 것을 천왕봉을 비롯한 지리산의 높은 주봉들과 깊은 계곡, 그리고 푸른 강물들이 품고 흐르며 소박하고 가난하게 살아가는 산촌마을이 바로 마천이다.

길을 찾아 한숨 쉬어가는 곳. 휴천

함양군 휴천면은 1914년 행정구역 개편 시에 휴지면 11개 동과 엄천면 19개 동 그리고 산청면 서상면의 방곡동을 병합하여 현재의 휴천면을 이루고 있다. 대부분의 지형이 산지로 되어 있으며 동쪽에 유림면과 접하는 화장산이 있으며 남쪽으로는 산청군 군서면과 접한 엄천강이 흐르고 있다. 그리고 북쪽으로는 함양읍이 접해 있다.

휴천면 지역은 인근의 산내지역이나 마천지역에 비해 골이 깊다. 그 골의 깊이를 대변하듯이 한국전쟁 당시 북한군 파르티잔partisan 유격전을 수행하는 비정규 요원을 칭하는 말이다. 일명 빨치산이 숨어서 한국군과 격전을 벌이던 곳이다. 그 계곡의 깊이만큼 삶의 깊이가 있는 곳이 휴천면이다. 특히 세동마을과 송대마을에 이르는 길이 그러하다.

산세가 험한 만큼 사람들에게 주는 감동도 다른 지역보다 남다르다. 이미 이러한 해답은 선인들이 알고 있었는지도 모른다. 선인들은 지리산 유람을 통해 지리산 자락의 아름다움을 전하고 있다. 김종직·김일손·조식·양대박 등이 지리산 유람을 했던 인물들이다.

김종직은 나이 40세에 함양군수를 지낸 인물이다. 김종직(1431~1492)의 『유두류록遊頭流錄』에 보면 지리산 유람행로에 대한 기억을 이렇게 전하고 있다.

> "신묘년 성종2년 1471년 봄에 함양으로 고을살이를 나갔는데, 두류산이 경내에 있어 우뚝한 푸른 봉우리들이 고개를 들면 바로 눈에 들어왔다."

김종직의 『유두류록』에 기록된 그의 지리산 행로는 '함양군 관아−엄천−고열암−쑥밭재−영랑재−천왕봉−성모사−향적사−영신사−백무동−등구재'를 지나 함양군 관아에 이르고 있다. 또한 김종직은 마천지역의 의탄리를 "연달아 서너 고개 지나자 널찍한 곳이 나왔는데, 주위가 넓고 그윽하였다. 나무가 해를 가리고 담쟁이 넝쿨과 칡 넝쿨이 뒤얽혀 있으며, 시냇물이 돌에 부딪히며 굽이쳐 흐르는 소리가 들렸다. 동쪽은 산등성이지만 그렇게 높지는 않고, 서쪽은 지세가 점점 낮아져 20리를 가면 의탄촌에 이른다"라고 전하고 있다. 김종직은 이곳이 무릉도원보다 못할 것이 없고 은둔하여 살기 좋은 곳이라고 표현하였다. 김일손(1464~1498)은 26세 때인 1489년 성종20년 일두 정여창과 함께 지리산을 유람하고『두류기행록頭流紀行錄』을 지었다. 김일손은 '함양남문−등구재−등구사−금대암' 등을 거쳐 청학동에 이르는 14박 15일 동안의 유람을 한 바 있다.

양대박(1543~1592)은 38세 때인 1580년 선조13년에 44세인 1586년 선조19년에 지리산을 유람하였다. 그의 두 번째 유람은 1586년 9월 2일부터 9월 12일까지 12박 13일 일정이었는데 오적 · 양길보 · 양광조와 기생 및 종이 동행했다. 그는 운봉에서 시작하여 '인월−산내−군자사−백무동−천왕봉'을 돌아 다시 군자사를 지나 용유담을 거쳐 엄천, 목동에서 황산 비전 순으로 유람하였다. 선인들의 유람 경로가 산내를 지나 마천, 그리고 휴천지역으로 이어지는 것은 깊은 골이 가지고 있는 자연의 아름다운 미학을 가지고 있기 때문이다. 그 깊은 골 만큼 근현대사의 아픔이 있기도 하다. 한때는 지리산 유람행로로, 한때는 근현대사의 이념의 이데올로기 투쟁의 장으로, 한때는 나무를 통해 목기와 한지의 전통을 이어가던 곳으로, 그리고 그 먹거리를 위해 화전을 일구던 지역으로…… 아직 휴천면 지역의 송대와 세동마을에는 그러한 흔적이 곳곳에 남아 있다.

묻혀버린 우리의 모둠살이,
매동마을

괭이골猫洞, 묘동墓洞 그리고 매화꽃 마을梅洞

　동서울터미널에서 함양을 거쳐 지리산 백무동 종점에 이르기 바로 전 구산선문 선가도량의 본산으로 유명한 실상사를 코앞에 둔 마을이 매동마을이다. 매동마을은 남원시 산내면의 관문이 되는 곳이다. 동면에서 흘러오는 풍천이 마을 옆을 흐르는 매화형국을 띠고 있는 길지라 해서 매동이라 불리는 마을이다. 매동마을은 운봉군 산내지역으로 1914년 행정구역 통폐합 때 유평마을, 대전마을 장항리에서 분리하여 묘동매골과 합쳐지면서 매동梅洞이라고 불리게 됐다. 현재의 매동마을은 유평 · 대전 · 소년대 · 매동 · 백장 마을 등 5개의 마을이 합쳐져 매동마을을 이루고 있다.

　매동마을의 이름 내력은 다양하게 전해진다. 풍수지리설에 의하면 마을 앞 200m 위치에 '고양이' 모양의 바위가 있어 고양이의 준말 '괭이골', 한문으로는 고양이 묘猫자 묘동猫洞이라 불리었다. 또 한편 마을의 위치가 명당이라 하여 무덤 묘墓자를 넣어 묘동墓洞으로 불리었다는 설도 있다. 그리고 고종7년(1870) 땅의 모양이 '매화꽃' 모양으로 생겼다 하여 마을 이름을 다시 매동梅洞으로 변경하여 사용했다고 전해지고 있다.

쏠쏠한 푸른 향을 품다

지리산 산촌마을들은 어느 마을이건 마을 뒤편에 울창한 소나무 숲 한 동
정도는 갖고 있다. 명산 지리산에 자리한 마을이라는 점도 그러하려니와 마
을에 조성된 송림의 규모와 수령은 그 마을의 역사를 여과 없이 푸르게 전해
준다. 매동마을의 역사와 내력 또한 마을을 둥글게 감싸고 있는 네 개의 송림
과 더불어 늙어간다. 오씨·김씨·서씨·박씨 문중의 송림은 그대로 이 마
을 네 입향조의 역사다.

소나무 군락은 지리산 자락에 모둠살이를 이루면서 시작한 문중이 들어오
면서 생긴 것으로 추정된다. 서씨 문중의 경우 고려 충해왕1년 1340년 충숙
공忠肅公 서성徐渻의 6세손인 서명세徐命世가 관직을 버리고 지리산에 은거하

려 들어가다 마을 터가 따뜻하고 지형이 매화형국의 길지인지라 정착하여, 마을을 이루게 되었다는 입향조 이야기가 있다. 서씨가 매동마을에 들어온 이후 그 후에도 조선조에 들어서 선조 원년 1650년에 솔고개大井에서 김해 김씨들이 이주하여 들어왔고, 또한 조선 후기 공조참판을 지낸 매천梅川 박치기가 수양차 들어와 일가를 이룬 밀양박씨 송림이 있다. 그리고 가장 뒤늦게 소년대 마을에 자리 잡은 동복오씨 귀은공파 송림도 마을 한쪽 동산 자락에 자리 잡고 있다.

매동마을의 송림은 수령이 적어도 50~60년 내외는 돼 보이는 적송무리들이 붉은 기운을 띠고 마을 사면에서 각각 언덕 한쪽씩을 차지하고, 이 마을의 입향조 종중의 권세를 뽐내듯 서 있다. 그 후손이 마을 안의 살림살이와 밖의 출세 내력이야 알 수 없지만, 적어도 이 마을의 형성배경과 그간 씨족 간의 모종의 힘의 흐름들을 각각 송림의 형태와 수령을 보고 얼추 유추해 볼 수는 있다. 각 문중 송림에 자리한 입향조와 종중 묘자리들의 음택과 풍수에 대한 해석이 그간 얼마나 마을 사람들의 입에 회자됐을까. 자기 손 중 누구 하나 급사라도 하거나 출세하지 못하면 애꿎은 지관들에 대한 원성은 또 얼마나 많았을까. 이 같은 땅에 대한 믿음과 오해가 오랜 세월 마을 사람들의 입담에 주 소재가 되었을 것이다.

숨어 있는 마을의 미학

매동마을 입구 도로 맞은편 강가 쪽에 자리하고 있는 송림을 따라가다 보면, 묵은 세월을 말해 줄 것 같은 누각이 시야에 잡힌다. 그리 화려하지 않으면서도 고풍스러운 멋을 간직한 누각은 잠시 지나가는 발길을 멈추게 한다. 이름을 확인하지 않은 채 누각에 조심히 발을 올려놓으면 눈 밑으로 들어오는 풍경은 절로 감탄이 나오기에 충분한 절경을 연출한다.

그렇게 화려하지도 않으면서 아름다운 곳, 그렇게 크지도 않으면서 위엄을 지니고 있는 곳, 이곳이 1870년 가선대부嘉善大夫의 공조참판을 지낸 매천梅天 박치기朴致箕가 산책과 풍류를 즐기기 위해 세운 누각 퇴수정退修亭이다. 퇴수정은 박치기가 벼슬에서 물러나 심신을 단련하기 위해 지었다고 하여 정해진 이름이다. 팔짝지붕에 겹처마 형식으로 지은 정자는 단청이 없어 세월의 흐름을 고즈넉하게 나뭇결에 새겨 넣고, 뒤로는 우거진 소나무에 둘러싸이고 앞으로는 만수천이 흐르는 뛰어난 풍광을 지니고 있다. 만수천이 너럭바위와 큰 바위들이 어우러져 큰물이 휘돌아 나가는 지점에 위치해 있는데 가히 신선들이 노닐다가 간 자리라 할 만하다.

퇴수정 앞에는 지리산에서 자리한 물줄기가 하나를 이룬 만수천이 흐르는 람천을 질투라도 하듯이 아니면 벗을 삼으려고 하

는지 소년대·노인암·세진대가 퇴수정과 어우러져 있다. 소년대는 철종 때 안용이라는 사람이 빼어난 경치를 사랑하여 집을 짓고 살았으며, 전라감사 윤봉구가 소년대少年臺라 새겼다 하여 붙은 이름이다. 흐르는 시냇물, 퇴수정에서 본 풍광, 그리고 암석은 밤에 비추는 보름달의 달빛을 더욱 황홀하게 하고 있다. 퇴수정 안쪽에는 박치기의 심신을 달래려는 듯 누각에 비추는 달과 맑은 바람을 맞아주는 방 한 칸이 마련되어 있다. 특이한 것은 정자 안에 문을 달지 않은 작은 방이다. 그곳에 들어가 앉아 보니 주위 사방의 뛰어난 경치가 한눈에 들어오는데 절로 시 한 수가 나올 법하다. 향토사료를 찾아보니 정기적으로 일 년에 한 번씩 시인묵객들이 이 정자 밑 너럭바위, 티끌 같은 먼지를 털어내는 대라고 하여 이름 붙은 세진대洗塵臺에 모여 풍류를 즐겼다고 하는데 그 숫자가 족히 일백 명에 달했다고 한다.

지리산에 길을 묻다

퇴수정 원운 退修亭 原韻

塵外孤臺晚托踪 진외고대만탁종
清流九曲嶽千里 청유구곡악천리
蒼松隔水冷冷韻 창송격수냉냉운
白石和雲淡淡容 백석화운담담용
忘世許同群鶴鹿 망세허동군학녹
存身傀比蟄珪龍 존신괴비칩규룡
靜觀認是仙人過 정관인시선인과
林壑依然道氣濃 임학의연도기농

어지러운 세상 떠나 늦게사 누대를 지어 의탁하니,
맑은 물은 굽이쳐 흐르고 산은 첩첩이라.
푸른 솔 물에 드리워져 그 운치 은은하고,
하얀 바위 돌과 어우러진 구름은 맑은 모습이네.
세상사 잊으려 학과 사슴 벗하니,
이 몸 숨김이 칩거한 규룡에 부끄러워라.
고요히 돌아보니 이곳은 시선이 지난 곳인지라,
산림과 구렁은 변함이 없어 의연한 기상이 짙구나.

매동에는 마을이 보인다

매동마을은 남원시 산내면 주변의 다른 마을과는 특이한 것들이 많다. 누각에 비추는 달빛을 시기라도 하듯이 풍류를 가르치고 있는 누각 퇴수정과, 문중별로 마련해 놓은 재각과 푸름의 쏠쏠함을 느끼게 해주는 송림과 죽림만이 있다. 그리고 마을 입구에 들어서면 우물과 아낙들의 이야기 터가 될 듯한 빨래터가 자리 잡고 있다. 지금은 상수도와 세탁기에 밀려 동네 한쪽에 말 없이 지나간 세월을 말하려는 듯 초록의 이끼가 지나가는 이들의 눈길을 조금이라도 받아주고 있는 상황이다.

마을은 '모을' 혹은 '말', '몰' 또는 '마슬'로 사람들의 모둠살이를 의미한다.

지리산에 길을 묻다

마을이 지닌 의미인 모둠이란 의미처럼 사람 간에는 먼저 이웃관계가 형성되는 마실가기가 이루어지고, 그것이 모둠살이를 이루며 제도화되고, 그 구현체로서 마을회관와 같은 공동집회소가 있다. 사람이 집 밖을 나서는 것은 사회관계를 이루는 것으로 마실가기가 되는 셈이다. 마실가기의 '마실'은 사회와 같은 의미가 된다.

우리 동네, 우리 부락• 등 마을에는 하나의 사회적인 지역공동체의 의미가 숨어 있다. 마을의 경우 아랫마을, 윗마을, 안마을, 바깥마을, 큰 마을, 작은 마을로, 골의 경우에는 안골內谷, 바깥골, 샛골新谷, 유골, 아랫골, 토골土谷 등으로 위치와 형태에 따라 마을을 표현하였다. 이와 같은 표현은 집락을 이루고 있거나 자연부락의 형태를 취하고 있거나 촌락공동체를 취하고 있다는 관점에서 표현한 지리적 범위보다는 사회생활의 모둠살이가 우선적으로 강조된 생활공동체 단위의 의미를 지니고 있다. 즉, 취락 형태를 갖춘 집들이 모여 그 취락 구조를 중심으로 삶을 영위해가는 것이 모둠살이인 셈이다. 집이 하나하나씩 모여서 문중과 이웃이 형성되고, 집과 집 사이에 관계가 형성되고, 그 관계가 사회와 문화를 이루어가면서 '사람, 삶과 터'의 공동체를 이루는 모둠살이가 되는 것이다.

또한 모둠살이는 건물로서의 집과 가옥으로서의 집, 즉 땅과 사람의 결합이다. 결국 집은 건물로서의 집과 가족으로서의 집의 결합체로서 이웃관계를 만들어내고 공간적인 관계를 이루어내면서 모둠살이가 형성되는 것이다.

이렇듯 모둠살이는 사회적인 관계와 공간적인 관계가 체계를 보이는 것으로, 집에서부터 형성되고 그 집들이 모여 하나의 마을에서 나타난다.

매동마을의 모둠살이는 문중마을이라는 특징을 통해 알 수 있다. 문중마을은 '동족', '동성', '씨족'과 같은 의미로 마을에 사는 사람들의 사회적 성격 중 혈연관계로 구성된 마을을 의미한다. 소나무 군락이 세월의 깊이를 보여주듯이 매동마을의 입향조 이야기는 과거 문중마을의 기지를 충분히 보여주

•
마을을 부락이라고 표현하기도 하나, 일본에서는 백정이 사는 천민집단을 부락이라고 한다.

고 있다. 즉, 매동마을은 4개의 성씨가 모여 만들어진 동족마을이다. 마을의 모둠살이에 있어서 동족마을은 위계질서에 의한 권위주의적 성격이 강하다. 그리고 동족의 단합이 조상에 대한 제사를 통하여 이루어지기 때문에 선조 중심적인 성격이 강하다. 매동마을에 있는 성씨마다 조성해 놓은 재각을 보더라도 매동마을의 특징을 알 수 있다. 4개 성씨의 입향조이야기는 과거 교통통신이 제약점이라는 점을 감안해보면, 집안 간의 단결과 담합이 거의 운명공동체라고 생각했던 것 같다.

과거 지리산 자락에 풍요로움을 대변하듯이 이야기되고 있는 만석지기 이야기는 마을공동체의 성격을 여실히 보여주는 대목이다. 이는 단순히 쌀부자 이야기로만 치부할 수 없다. 혈연 및 종족 공동체의 특징을 가지고 있는 매동마을은 다른 지역과는 달리 유독 상하관계에 의한 친족관계를 이루고 있었을 것이며, 지연공동체 조직인 두레·향약·계·품앗이 등이 더욱 원활하게 운영되었을 가능성이 높다. 혈연관계에 기초하고 있는 매동마을은 길흉 대소사에 마을 사람들은 혼연일체가 된 의례공동체를 이루어냈을 것이다.

마을 교육기관 촌숙 학고재

매동마을에는 학고재學古齋라는 서당이 있었다. 학고재는 율포 박상호가 설립했다고 한다. 박상호의 아우 조카와 더불어 이곳에 서재를 지어 후생들을 강학했다고 전해지고 있다. 서당은 초등교육을 담당하는 민간사설의 촌숙村塾을 의미한다. 서당은 집에서 개인적으로 소장하고 있는 서재書齋와는 다른 개념이다. 서당은 면, 동, 리를 단위로 하여 형성된 사학교육기관으로, 17세기와 18세기에 이르러 문중이 설립하고 운영하는 경향이 강하게 나타났다. 따라서 서당의 설립이 향교와 서원의 기능을 대신하여야 하는 입장을 갖게 되면서 강학소의 역할 이외에 문중단결과 집안화목이란 보족保族과 의가宜家 등 문중의 크고 작은 일을 처리하고 집행기관의 역할도 동시에 수행하는 문중 중심의 역할을 하게 된다.

서당은 마을의 요구에 따라 강학소의 기능을 하기도 하고 향악주례를 주관하는 장소가 되기도 한다.

영욕의 세월을 묻고 있는 재각

박치기의 마음이 후손에게도 미쳤을까? 밀양박씨 은산공파 박치기의 후대가 사당을 지어 그곳에서 제사를 올렸고, 후학들을 위한 강론의 학습장소로 재각을 지었다. 서로 선을 권하자는 뜻으로 관선재觀仙齋라 명명했다 하는데, 유교식 지방의 향약 냄새가 풍기는 선善자보다 도교식 풍류가 너울거리는 선仙자로 이름 짓지 않은 것이 못내 아쉽다. 어쩌랴! 선의 경지에 이르기가 쉽지 않은 까닭이니.

재각齋閣은 선조의 산소를 수호하고 아울러 제사를 올리며, 더 나아가서는 후손의 화합과 강독 및 강론의 학습 장소 등, 다양한 용도로 활용된 건물들이

다. 단순히 제사만 올린 것이 아니라 조상의 은덕을 기리는 자리이기도 하고, 학습하는 자리이기도 했다. 관선재는 퇴수정 옆 천변에 있고 아름다운 풍광을 간직하고 있다면, 운치나 풍광이 그리 뛰어나지 못한 곳에 자리한 독산재 獨山齋는 그 이름처럼 고독한 느낌이 든다. 왜 그런 생각이 들까? 관선재는 파평윤씨의 사제를 모시는 재각이다. 한때 권문세가로 조정을 흔들었던 파평윤씨 손이 무슨 이유로 이 깊은 지리산 골짜기까지 들어와 일가를 이루었을

까. 고독한 산처럼 우뚝 솟아 무슨 권세를, 무슨 영욕의 과거를 곱씹었을까. 독산재라는 재각의 편액이 더욱 외로워 보인다.

이렇듯 매동마을에는 각 성씨의 재각이 마련되어 있다. 예부터 제사는 자신의 피의 뿌리를 되돌아보기 위해 조상에게 제를 올리는 행위이며, 더 나아가서는 인간의 뿌리를 되돌아보기 위해 하늘에 제를 올리는 행위였다. 즉, 사람의 본래를 찾는 일로 생각하고 있었던 것이다. 특히 조상제사는 문중을 낳고 종족을 강화시키는 사회적 행위이기도 하다. 종손과 문장을 중심으로 수직적인 문중의 혈연관계를 강조하는 데 있어서 제사는 중요한 역할을 하게 된다.

오롯이 살아 있는 공동체 터잡이

매동마을의 입향조 이야기, 각 문중의 송림과 죽림 그리고 재각 이외에도 마을공동체의 모둠살이에 대해 이야기할 수 있는 인문학과 공간적인 유산들로 서당과 공동 우물, 빨래터가 그대로 존재하고 있다. 하지만 매동마을에 현재 남아 있는 두 곳의 마을 공동 우물, 한 곳의 공동 빨래터, 한 개의 서당과 정자 등은 한때 마을공동체의 모둠살이를 기념비처럼 간직하고 있을 뿐, 더 이상 예전처럼 사용되고 있지는 않다. 그래서 그런지 마을의 공동체의식은 점점 사라져가고 있는 실정이다. 서당은 학교에, 공동 우물과 빨래터는 수도와 세탁기에 밀려 나가면서 모둠살이는 개인살이로 점점 바뀌어가고 있다. 정자는 마을 노인들의 쉼터 정도로 기능이 축소돼 가고, 사라져가는 모둠살이에 대한 애타는 마음들이 모여 마을 어귀에 최근 만들었다는 솟대들이 애타는 심정으로 하늘로 솟아 있다. 몇 해 전 녹색농촌체험마을로 선정되어 마을 중심에는 체험기념관과 회관이 세워졌다. 하지만 그런 건물로 마을의 모둠살이가 살아날 것 같지는 않다. 새벽마다 우물에 다시 물 긷는 소리가 들리고, 빨래터에서 아낙들의 남 흉보는 입담이 끊어지지 않고, 서당에는 아이들 글 읽는 소리가 꾸벅꾸벅 이어지고, 재각에는 마을 주요 시제를 드리며, 저녁이 되면 정자에 마을 모두가 모여 시끌벅적해야, 그제서야 비로소 살가운 마을의 모둠살이는 다시 살아날 것이다.

5일의 일상, 인월장

매월 3일과 8일이 되면 산내, 마천 사람들은 분주해진다. 인월에서 장이 열리기 때문이다. 시장 가는 길에 버스 안에서 만나는 이웃과의 만남은 그동안의 안부를 묻기도 하고 걱정과 푸념이 섞여 나오기도 한다.

하얀 적삼을 곱게 차려입은 백발의 할머니부터 갓난아이를 업고 가는 젊은 아낙까지 인월장으로 가는 걸음은 분주하다.

전라북도 남원시 인월면 인월리에 위치한 인월시장은 5일마다 열리는 정기 재래시장이다. 인월 5일장은 조선시대부터 농축산물 및 생활필수품 물물교환으로 시작된 5일장이다. 예전에는 지리산에서 자란 산채, 약초, 한봉, 한지, 죽제품이 주로 거래품목이었다.

봄에는 지리산의 향기를 담은 산나물과 묘목 그리고 한 해 농사를 기름지게 해줄 씨앗이 장터에 자리한다. 그 외에도 메주와 장류, 농기구와 옛 물건이 한쪽에 자리하면서 장터의 볼거리를 더한다. 그리고 지리산의 명물인 흑돼지와 인월 막걸리로 목을 축이기도 하며 고로쇠 약수로 몸의 기운을 달래기도 한다.

내일로 가는 길목 마을,
중기 · 원백일 마을

　남원시 산내면의 중기와 원백일리는 지리산 북동쪽 맞은편 삼봉산 자락에 위치해 있는 산촌마을이다. 주위 산들에 포근하게 둘러싸인 가운데 터에 세워진 마을이라 해서 중기中基, 천왕봉의 맑은 햇살이 가득한 동네라 해서 (원)백일리白日里라 이름 지은 자연마을이다. 산내 마천을 잇는 60번 지방도로에서 산 쪽으로 한 골 정도 들어와 있는 덕에 개발의 손길이 상대적으로 덜 미친 마을이다. 지리산 골짜기 끝의 산자락에 위치한 마을에서 흔히 볼 수 있는 다락논도 이 마을들에서는 볼 수 없다. 그런 이유로 흑돼지, 한봉, 목기나 천연염색, 고사리, 고랭지 채소를 주업으로 하며 살아가고 있다. 벼농사를 짓는 가정은 이웃 마을들로 원정을 가서 지어야 하는 불편을 감수해야 한다.

지리산과 도로

　운봉에서부터 흘러오는 람천이 뱀사골 물과 합수되어 만수천을 이루고 백무동과 칠선골에서 흘러나오는 물을 만나 임천강과 엄천강으로 불어 산청을 거쳐 진해 남강이 되고 낙동강으로 이어져 바다로 흘러간다. 이 강물줄기를

지리산에 길을 묻다

따라 도로가 건설되었고, 이 도로를 따라 마을과 도시가 발달되었다. 이 아름다운 지리산 강줄기를 따라 난 도로가 60번 지방도로다. 몇 해 전 휴가철 교통량의 증가가 예상된다며 건교부에서는 이 60번 도로를 4차선으로 확장하려는 계획을 발표했다. 이 도로 확장계획에 지역 주민들과 시민단체들이 반대하고 나섰다. 예상되는 교통량도 정부 발표처럼 휴가철에도 많지 않을뿐더러, 지역경제에도 하등 도움이 안 된다는 이유에서다. 도로가 확장되고 달리는 자동차 속도가 빨라지면 이 마을들은 머무는 곳이 아니라 그저 빠르게 지나치는 곳밖에 안 된다.

"빠른 도로는 마을을 그냥 지나쳐 구멍가게도 식당도 망하게 할 게 당연하

죠. 특히 우리 지역은 지리산을 찾는 관광객들이 많아요. 농사지은 채소도 도로에 나와 팔고 해요. 관광객이 머물렀다 가야 하는데 4차선이 나면 뚫린 터널로 교량으로 쏜살같이 지나쳐 가는 거죠."

그렇게 되면 자연히 관광객을 상대로 하는 마을 사람들의 소득이 줄어들게 될 것이다.

"3개나 되는 병원은 하나둘 문을 닫을 거예요. 약국도 이발소도 사라질 것이고요. 주민들은 멀리 남원까지 병원치료를 다녀야 하고 결국은 살 만한 곳으로 떠날 거예요."

이런 마을 주민들의 걱정처럼 4차선 빠른 길은 지역을 발전시키는 것이 아니라 오히려 지역 경제를 깡그리 무너뜨릴 것이 불 보듯 빤하다. 결국 마을공동체도 사라져 버릴 것이다. 관광객과 지역주민 어느 쪽에도 도로확장으로 이득이 될 것이 없다. 무엇보다 아름다운 자연만 더 파괴될 것이다. 진정 필요한 길은 4차선으로 확장되고 터널을 뚫어 직선화시키는 도로가 아니라, 강을 끼고 돌고 돌며 자연의 아름다움을 맘껏 느낄 수 있는 길이다. 속도와 효율을 추구하는 빠른 길이 아니라 자연의 아름다움과 사람의 냄새가 살아 있는 느린 길이다.

지리산 일대의 도로문제는 비단 60번 지방도로만의 문제가 아니다. 국립공원 제1호 지리산은 지금 사방팔방으로 뚫린 도로로 몸살을 앓고 있다. 국립공원 1호로서 지리산의 가치를 바라보는 정부와 지자체의 관점은 실망스럽기 그지없다. 주로 지역경제발전이라는 명목하에 새로 난 도로들은 단기적인 수요 예측에 근거한 것이다. 이런 개발에는 산의 진정한 가치에 대한 철학적 비전이 결여되어 있다. 이미 지리산은 일제시대 때 산림자원 수탈을 위해 또는 작전도로용으로 지리산을 관통하는 임도 형식의 산길을 사방팔방으로 뚫어 놓았다. 지금도 산 한복판 허리에 뚫린 임도들이 흉한 상처처럼 남아 있다. 산에 도로가 나게 되면 자연히 그 도로를 따라 이런저런 형식의 개발이 이루어지게 된다. 산 깊숙이 들어선 수많은 오락, 휴식, 숙박시설들은 자연경관을 해칠 뿐만 아니라, 자연환경에 영향을 미친다. 산속 깊이 난 넓은 포장도로는 수많은 관광객과 차들을 산속까지 들여놓게 된다. 이런 지경에 이르면 산은 자신만의 깊이와 높이를 잃어버리게 되는 것이다. 그것이 우리 민족의 영산인 지리산일 때에는 지리산의 깊이와 높이를 잃어버리는 것뿐만 아니라 우리 민족의 혼과 영의 깊이와 높이도 함께 잃어버리는 것이다. 결국 장기적으로는 높이와 깊이의 자연미를 잃어버린 지리산을 사람들의 발걸음은 외면하게 될 것이다. 지리산에 차가 들어오게 해서는 안 된다. 지리산은 사람 발만을 들여놓게 해야 한다. 차는 산 어귀까지면 족한 것이다. 그럴 때 지역 마을도 살고 지리산도 살 수 있다.

흑돼지 똥돼지

중기와 원백일리는 도로의 문명 속도에서 한 발치 벗어나 있다. 도로에서 한 골짜기만 떨어져 있어도 문명의 침입속도는 한참 더디다. 그 단적인 예가 바로 흑돼지 똥돼지다. 이 마을들에서는 다섯 집 걸러 한 집씩 그 유명한 지리산 토종 흑돼지를 키우고 있었다. 사료를 먹여 키우는 사육돼지가 아니다. 1층에는 돼지가 살고 2층에는 변소가 있어 사람이 싼 똥을 먹고사는 똥돼지다. 이 마을 사람들이 아직도 똥돼지를 키우는 이유를 물어보면 답은 간단하다.

"똥도 아깝고 밥테기도 아까분께."

밥풀 하나라도 그냥 버리면 죄 된다고 똥돼지를 키운단다. 딱히 누구에게 배운 게 아니라 조상 대대로 그렇게 해왔단다. 이 마을 할머니랑 할아버지는 절대로 집안의 변소를 쓰지 않고 예전 변소를 쓰고 있다. '똥오줌도 아까워서' 아무리 급하더라도 꼭 자기 집에 와서야 일을 본다. 집집이 키우는 돼지는 늘 한두 마리를 넘어서지 않는다. 옛날 같지 않아 식구가 단출해진 탓으로 돼지에게 줄 것이 얼마 없어서 그렇단다. 겨랑 섞어 주는 똥은 하루에 아침저녁 반 바가지씩 정도다. 간식으로 감자껍질 같은 것을 줄 때도 있다고 한다. 이렇게 키우는 돼지는 털이 까만 토종돼지로 일반돼지에 비해 고기 맛이 훨씬 부드럽고 고소하며 담백하다. 채식 위주로 사는 시골 노인들의 소똥 같은 사람의 똥을 먹고 자라므로 비계가 붙지 않으며 돼지 특유의 누린 냄새가 없고 지방, 콜레스테롤이 적다. 중기마을의 돼지들은 일반돼지보다 조금 더 비싼 값으로 인근 식당 등지에서 사간다. 사료 먹여서 다량으로 키우는 돼지는 두 달 먹이면 내다 팔 수 있다. 하지만 집에서 한두 마리 키우는 이 토종돼지는 잘 크는 놈은 서너 달, 안 그러면 대여섯 달 걸려야 고기로 내다 팔 수 있다고 한다. 빨리 고기로 내다 팔 욕심 부리지 않고 예전 해오던 방식 그대로 쉬엄쉬엄 키우는 돼지, 어느 것 하나 함부로 버려지는 것 없는 자연스러운 순환의 삶이 똥돼지를 통해 지속되고 있었다. 그것도 우리의 전통 뒷간에서.

자기가 먹는 것이 어떻게 누구의 손에 키워지고 제공되는지 모르고, 자신이 배설해내는 것이 어디로 어떻게 사라져버리는지도 모르는 도시사람들과 그들의 삶. 도시사람들에게 먹는 것은 모두 그저 상품일 뿐이다. 그 상품을 먹고 배설하는 것은 냄새 나는 똥이다. 아까운 똥이 아니라 더럽고 보기 싫은

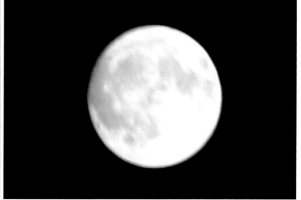

똥이다. 그래서 도시인의 똥은 자동으로 순식간에 변기에서 사라진다. 입으로 들어가는 상품에서 물로 씻겨나가는 대변에 이르기까지 어떤 순환과정에 대한 배려나 생각이 끼어들 여지가 없다. 매우 편리하고 아주 빠른 직선으로 뻗은 도로와도 같은 정화과정만 있을 뿐이다. 중기와 원백일리의 똥돼지 뒷간에서 볼 수 있는 순환되는 삶이란 직선으로 뻗은 도로에서는 찾아질 수 없다. 지리산에서도 구불거리는 마을 소로길을 따라 산속으로 조금 들어와야 만날 수 있다. 우리 전통 뒷간에서 이어져온 낭비 없는 삶은 산속 깊이 쳐들어오는 도로로 인해 점점 사라져가고 있다. 물려줄 생태적 삶의 전통이 없을 때, 더 이상 이 땅에서의 삶은 지속가능하지 않을 것이다. 지리산을 지켜내는 것은 지속가능한 전통 삶을 지키는 것이다. 지속가능한 삶을 지키는 것은 지리산 산촌마을 사람들의 생태적이고 순환적인 삶을 지켜내는 것이다. 그 전통적인 삶을 지키기 위해서는 무엇보다 지리산 속으로 쳐들어오는 도로를, 그리고 지리산을 관통하는 도로를 막는 것이다. 대신 외부에서 들어오는 바람의 살기殺氣를 순화하면서 구불구불 휘돌아 걸어 들어오는 옛길을 복원하는 것이다. "쏜살같이 통과하는 4차선보다 마을 보듬고 가는 옛길이 좋은 것이여"라는 마을 주민의 말처럼.

전통 장인들의 마을

남원 산내지역 마을들은 통일신라시대에 창건된 실상사를 중심으로 형성되었다. 실상사는 산속에 있지 않고 평지에 세워진 원찰이다. 원찰은 나라에서 특별히 세운 절로, 실상사의 경우 삼국을 통일한 신라가 전쟁의 상처를 치유하고 화합을 도모하기 위해 백제의 국경지대에 세운 것이다. 나라의 든든한 지원과 후원하에 한때는 3,000명의 스님이 거처했다고 한다. 이렇게 큰 실상사 살림을 의지해 주변에 형성된 사하촌 성격의 마을들이 산내와 마천

의 마을들이다.

　스님들의 살림살이 중 대표적인 것이 스님들의 밥그릇인 발우와 불교경전 필사, 서적 편찬을 위한 종이였다. 실상사의 발우와 종이의 수요가 산내와 마천 일대 마을의 목기제조와 조선종이를 만드는 한지제조업이 전국에서도 둘째가라면 서러워할 정도로 발전하게 되는 주요 동인이 되었다. 아직도 산내에는 그 명맥이 이어져 내려오고 있다. 남원 산내 목기는 지리산을 배경으로 한 풍부한 임산자원에서 나온 목재의 독특한 향과 함께 모양이 정교하고, 섬세하며, 목기 자체가 단단하기로 유명하다. 옛날 남원 산내의 목기는 왕실에 진상하는 진상품이었다고 한다. 실상한지는 실상사가 창건된 828년을 전후해 스님들이 불교서적 편찬을 위해 만들기 시작한 전통 한지로, 원료인 닥나무의 품질과 제조 기술이 뛰어나 전국 최고품으로 인정받아 왔다. 현재는 양지에 밀려 겨우 명맥만을 이어가고 있을 뿐이어서 장인문화에 대한 보존이 절실한 실정이다.

한지 만드는 집은 거의 사라졌지만 산내에는 아직도 목기를 하는 사람들이 많다. 사찰에서 한지의 수요는 거의 끊어졌지만 목기는 아직도 수요가 많기 때문이다. 잘 알려진 남원목기 무형문화재 김을생 씨도 있지만 산내에는 잘 알려지지 않는 목기공들도 많다. 특히 원백일리의 김대현 씨와 백일리 정상길 씨는 무형문화재로 인정받지는 못한 젊은 목기공이지만 기능도 뛰어나고, 우리 전통 목기의 기술과 역사에 대한 애정이 매우 남다르다. 정상길 목기장이의 발우 만드는 과정을 잠시 소개한다.

우선 초갈이 과정만 소개하면, 둥치가 옴팡 큰 나무들은 기계톱으로 절통을 합니다. 절통을 할 때는 8치 이하는 5푼 빼고 자르고 8치 이상은 1치를 빼서 자릅니다. 가령 지름이 6치면 5치 5푼으로 자르고 지름이 1자이면 9치로 자르고요. 1자가 훨씬 넘는 나무들은 봐서 5푼을 빼든 2치를 빼든 해야 합니다. 발우는 눕질(누워서 하는 일)로 작업을 해야 하기에 우선 숨골을 빠개는 작업입니다. 뒷면을 따는 이유는 망치질하기도 좋고 귀돌이 치기도 용이하기에 하는 것입니다. 옆에도 날리기를 하여야 합니다. 옆이 날아가니깐 지름의 5푼을 줄여서 절통하게 되는 겁니다. 귀퉁이를 도려내는 귀돌이 작업을 합니다. 원형으로 깎기 때문에 쓸데없는 살들을 되도록 많이 도려냅니다. 이때 세워서 톱질을 해야 하기 때문에 조심조심 또 조심해야 합니다. 저 큰 톱이 항시 손목이나 손가락을 노리고 있거든요. 참고로 3상 7마력짜리 모터가 3,450rpm으로 36인치 톱날이 3,450 회전력. 상상해 보십시오. 자 이제 귀돌이 작업은 여기까지가 끝입니다. 다음은 초갈이 작업 중 등 깎기를 해야 합니다. 거꾸로 박아서 속

파기 하구요. 그러면 초갈이가 완성됩니다. 이렇게 해 가지고 한 1여
년 건조를 시킵니다. 건조과정에서 틀어진 것이나, 깨진 것이 많이
생기지만 깨진 것들은 아까워도 버려야 되고 틀어진 것을 다시 재벌
가공 후 옻칠마감을 합니다.

(자료제공: 백일리 정상길)

이렇게 발우 만드는 작업은 순전히 장인들의 손을 통해 천여 년을 이어 내
려온 것이다. 스님들의 발우공양의 수행도법이 바뀌지 않는 한 산내의 목기
장인의 기술과 정신 또한 바뀌지 않을 것이다. 이 목기장인들의 기술과 정신
은 우리가 지켜내야 할 소중한 장인문화다. 이런 장인문화가 더욱더 소중한
것은 그들 목기작업 과정에서 분리될 수 없이 한 몸처럼 붙어 내려온 고유하
고 아름다운 우리말이다. '옴팡, 눈질, 선질, 숨골, 귀돌이'같이 아름답고 독특
한 우리말들은 이 목기장인들의 대가 이어지지 않으면 사라질 수밖에 없는
소중한 언어자산이다. 자본주의 경쟁사회에 이렇게 더딘 목기 수작업과 그
것에 붙어 살아가는 여린 언어들은 잠시만 한눈팔아도 기계에 단번 싹둑 잘
리게 될 것이다. 소중한 것이 우리 곁에 있을 때 지켜야 하는 절실한 이유다.

원백일리의 성용숙 씨는 '춘향골 염색단'이라는 천연염색모임을 주관하고
있다. 천연물감으로 물들인 손수건, 생활한복, 스카프, 숄, 속옷, 양말 등 다
양한 제품들을 마을 주민들과 함께 만들며 마을공동체 정신을 살려가고 있
다. 천연염색 이외에도 옻칠을 대대로 가업으로 이어가고 있는 집들도 있다.

귀농인 마을

1997년 실상사 농장이 만들어지면서 귀농인들의 교육기관인 '귀농전문학
교'가 생기고, 대안중학교인 '실상사 작은 학교', 산내지역농민단체 '한생명',

지리산생명운동단체 '지리산생명연대' 등이 차례로 만들어지면서 산내면 일대에는 해마다 귀농자들이 늘어나고 있다. 특히 중기마을과 원백일마을은 산내면에서도 귀농자 가구 수가 가장 많이 늘어나고 있는 마을이다. 마을인구비율에서도 귀농자 가정의 비율이 50%가 넘는다. 이들은 높은 학력과 전문적인 지식을 지닌 사람들로 실상사 인근에 새로운 대안문화를 만드는 데 주도적인 역할을 하고 있다.

지리산친환경영농조합은 2007년 3월 발족하여 산내지역 농민 44명이 공동으로 참여하고 있다. 참여 농장의 규모는 30㏊(9만 평)에 이른다. 실상사귀농학교에서는 해마다 40여 명에 달하는 졸업생을 배출해 지역인재창고 역할을 담당하고 있다. 대안사회를 꿈꾸는 귀농가정의 자녀들은 대안중학교인 실상사 작은 학교에서 자유롭고 창의적인 수업을 통해 대안사회의 어린 꿈을 선생님과 함께 키워가고 있다. 한 생명은 지역주민들의 문화와 교육에 대해 고민하고, 지역에서 친환경 농업으로 생산한 농작물과 이를 일차 가공한 먹거리 판매를 담당한다. 환경시민단체인 지리산 생명연대에서는 지리산의 생태를 보존하고 지속가능한 발전을 모색한다.

이렇듯 산내면에서도 중기와 원백일 마을은 지역민과 귀농자들이 함께 새로운 대안사회를 이루기 위한 다양한 운동과 실험을 전개하고 있는 마을이다. 친환경 유기농업에 기반을 둔 생명농업공동체, 대안교육을 통한 교육공동체, 자연과 대지에 뿌리를 둔 문화영성공동체. 이들의 대안사회에 대한 꿈은 이제 막 움튼 싹에 불과할지 모른다. 하지만 이 싹은 전 세계를 무한 자유경쟁시장판으로 만들려는 세계화 자본시장에서 '지역공동체'라는, 아니 더욱 소중한 '마을'이라는 수천 년 동안 자족적으로 생존해온 생명공동체를 지켜나갈 수 있는 유일한 대안일지도 모른다. 우리가 가야 할 오래된 미래로 가는 길목마을이 중기와 원백일 마을이다.

발우깎기 고집쟁이,
김대현 할아버지

원백일마을에 발우깎기 고집쟁이 할아버지 김대현 할아버지가 계신다. 사람들이 찾아오면 귀찮아하신다. 나도 그렇지만 수많은 사람들이 이야기만 들으러 왔다는 것이 왠지 죄송스러운 마음이다.

김대현 할아버지는 19세 때부터 목기깎기를 시작했다. 당시 산내공업기술중학교 목공교사로 계셨던 작은할아버지의 권유로 목기깎기에 입문을 하게 되었다. 어르신들은 기술을 배워야 먹고사는 데 문제가 없다고 생각하신다. 김대현 할아버지의 작은할아버지도 이런 연유에 의해 권유를 했을 것이다.

"작은할아버지가 당시 산내공업기술중학교 목공예 교사로 있었는데 그 밑에서 목기깎기를 배우기 시작했지. 밥 먹고 살려고 시작한 건데 지금까지 계속하고 있네."

그러나 목기쟁이는 자랑할 만한 일이 아니었다고 회고한다. 그러나 지리산 자락 동네 뒷산에 널려 있는 나무는 유일한 놀잇감이었다.

"목기는 우리가 내놓고 싶어도 자랑거리도 못 되고 옛날에 이씨 조선 500년 양반 상놈 찾고 그 당시에는 나무때기 맞추고 그랬지."

일제강점기 시절에 일본인들도 이 깊은 산골까지 들어왔다. 일본인들이 들어와서 나무를 활용하여 물건을 만들기 시작했던 것이 목공예가 뿌리 내리는 계기가 되었다. 2년제 고등학교 과정에 목공과가 개설되면서 목공기술이 전수되기 시작했다. 2년제로 시작한 학제는 나중에 3년제로 전환되기도 하였다. 그러나 생활고에 매우 어려웠던 사람들에게 3년 과정 전체를 수학하는 것은 그리 쉬운 일이 아니었다.

"외정 때 일본사람들이 와서 손으로 파고 있는 것을 보고 이것을 육성해볼까 싶어 초등학교 옆에 목공예라고 목공과를 만들었지. 나도 학교에 입학을 했다가 말았지만 그때부터 일본사람들이 서둘러서 목공과를 만들고 1학년, 2학년으로, 2년제 중학교 교과 과정이었지. 중학교를 안 가는 사람들은 기술을 배웠지."

학교에서는 칠하는 법, 깎는 법 등 목공기술을 가르치기 시작했다.

"초등학교 옆에 현재 10단짜리, 거기서 기계를 여러 대 갖다놓고 칠 바르는 거 배울 사람은 배우고 깎는 거 배울 사람은 배우고 그랬지. 기술중학교인 공업기술학교라고 명칭을 붙여 가지고 학교가 하나 있었지. 그래 가지고 이제 이 깎는 사람은 배우고 배우는 사람은 많고 어느 정도 목기라 그러면 형식적으로 돌아간다는 걸 알기는 아는데 이게 일이라는 것이 참 고달픈 거야. 맨 처음 고등기술학교에 있을 땐 1학년, 2학년 2년제 있었지. 2년제가 3년제가 되었지. 3년제는 나도 가정형편이 넉넉하지 못해 못 다녔지. 스무살 안짝부터 시작한 거지. 내 그때 당시 우리 제부님이 인자 공업기술학교 목공예강사로 가르치기도 하고 선생이라고 할 것도 없지만 그래 가지고 그분

한테 배웠어."

　김대현 할아버지는 20세 즈음부터 목기를 본격적으로 다루기 시작했다. 전국으로 입소문난 목기의 대표주자는 남원목기다. 그 남원목기가 산내에서 시작되었다는 것을 아는 사람은 별로 없을 것이다. 산내목기가 남원목기가 된 사연을 들으니 마음이 편하지가 않다. 자본으로부터 자유롭지 못한 장인들이 남원으로 가면서 남원목기가 태어난 셈이다.

　"지금의 운봉목기는 원래가 이곳 산내야. 그때 산내가 운봉현에 속했었다구. 그래서 운봉목기였고 최근 시군통폐합이 되면서 남원목기가 된 지 몇 년 안 되었지. 그러니까 운봉목기의 원조는 산내라고 할 수 있지. 산내 사람들이 시내에 가서 직접 공장을 운영한 게 아니고 공장 차린 사람한테 공장장이나 기술자로 가서 날품팔이가 된 거지. 그러니깐 산내 기술자들이 남원에 기술을 다 가르쳐 준 셈이지."

산내목기가 한창 번창할 시절에는 뱀사골이나 추성계곡에 있는 나무를 사용했다고 한다. 나무를 이동하는 것이 무거워 기계를 산으로 가지고 가 현장에서 깎았다고 한다. 기술자는 목기를 만들고 기술이 없는 사람은 전부 등짐으로 날랐다고 한다. 그리고 산으로 들어가 작업을 할 때는 조를 짜서 작업을 했다고 한다. 운반하는 사람, 나무 베는 사람, 초벌 작업하는 기술자, 다듬는 기술자 등이 한 조로 구성되었다. 지리산 깊은 산골에서 나무로 하루하루를 연명한다는 것이 그리 녹녹한 일이 아니었음을 알 수 있다.

"예전에는 뱀사골이나 추성계곡에서 나무를 가지고 왔지. 지고 올라가려면 둘이 가고, 천만 치고 살면서 거기서 깎지. 깎으면 무게가 확 줄어들잖아. 그래서 가마나 이런 데다 지고 내려오지."

"그거 지고 가는 사람도 밑에서 노동일 하는 사람보다 배를 벌었어. 여기서 하루에 갔다 오면 한두 다리 벌어지고 오는 운반비가 그러고 그거 깎는 사람도 기술자니까 돈벌이가 되고 그거 또 한 사람이 올라가 다리 깎으면 지고 가는 사람하고 둘이 되지. 둘이 되면 나무 베 가지고 다듬는 사람 하여 또 서넛 가야 돼. 일개조가 가야 돼. 그리고 그 긴 거리를 걸어 댕겼지."

터가 만든 삶 마을공동체, 중황마을

●
꿩의 모양을 하고 있는 마을, 중황

지금의 중황마을은 본래 운봉의 산내지역이었다. 운봉의 산내면에서는 중황마을을 중몰, 중치, 중황이라고 하였다. 마을이 생기기 전 뒷산 백운산 기슭에 황간사黃岡寺라는 절이 있었고, 북쪽으로 약 500m 지점에는 꿩이 엎드려 있다는 복치혈伏雉穴이 있어 황간사의 황黃자와 복치혈의 치雉자를 따서 황치黃雉라 불렀다고 한다. 현재의 상황마을, 중황마을, 하황마을을 통틀어 황치골로 불러 오다가 1914년 상황·중황·하황의 3개의 행정마을로 나누었고, 그중 황치리의 중간에 위치하고 있다고 하여 중황마을로 불리게 되었다.

황치골은 1395년 조선시대 태조 때 학지였던 조중삼이 관직을 버리고 산골을 찾아 수양처를 찾던 중에 전남 구례에서 이주하여 정착하기 시작하면서 마을이 형성되기 시작하였다. 1600년경에는 강화노씨들이 임진왜란을 피해 마을로 들어와 살게 되었으나 노씨는 하황으로 이주하게 되었고 조씨와 박씨가 마을에 대중을 이루게 되면서 지금의 마을을 이루게 되었다고 한다.

터가 삶을 만들다

　농사에 있어서 논의 상태는 두레의 제초방식을 결정하는 중요한 요인 중 하나였다. 논의 물 사정에 따라 모내기 시기를 결정하기도 하고, 땅이 딱딱하거나 무른 정도에 따라 두레의 제초방식도 달리했다. 그래서 '농사의 절반은 땅이 알아서 해준다'라는 말이 있을 정도다. 그리고 열 번의 호미질에 곱절의 곡식을 얻으려 하는 사람의 농심이 농사에 더해진다. 황치골 농사는 천수답 天水畓이니 열 번의 호미질과 물에 대한 마음은 어쩔 수 없는 것이다.

　우리네 조상들은 경작을 할 수 있는 빈 땅을 전田이라 했다. 전 가운데도 수전水田과 한전旱田이 있는데 이 두 가지는 분명한 차이를 두었다. 그래서 조상들은 상답을 스스로 물이 나오는 논이라 했고, 한전은 천동직天動直 혹은 봉천직답奉天直畓이라 하여 물을 끌 수 없는 논이라고 했다.

　황치골은 농업농지의 50% 이상이 천수답을 이루고 있다. 그러나 토질이 척박하여 하늘을 바라보고 사는 농사짓기는 농부들에게는 항상 삶의 무게 그 자체였다. 그래서 농부들에게 농사짓는 일에 흥은 힘든 시름을 더는 일이었다. 모심을 때나 밭을 맬 때나 그리고 일하고 나서 일 마치고 집으로 돌아가면서 한 곡의 농요가 하루의 시름을 달래는 '질꼬내기'와 '시집살이'는 힘든 논농사의 시름을 달래는 농요였다. 특히 '시집살이' 농요는 논농사에 지친 며느리의 시름을 달래는 노동요였다.

오동추야 달 밝은 밤에

임 생각이 절로 나누나

얼씨구나 갔으면 갔지 설마 갔겠느냐?

춥냐, 덥냐 내 품에 들어라.

밸 것이 없으면 내 팔을 베어라.

그렇고 말고 다 할 말인가, 갔으면 갔지 설마 갔겠느냐?

노랑 한배치마

주름아, 주름아 상내만 난다.

얼씨구나 갔으면 갔지 설마 갔겠느냐?

병풍치고 불 켜놓고 한 방에

임의 손질 얼른 하네

얼씨구나 갔으면 갔지 설마 갔겠느냐?

임의 손짓 얼른 하는데

유자 향내가 절로 나누나

얼씨구나 갔으면 갔지 설마 갔겠느냐?

물아, 물아, 청산의 물아

뭣이 바빠서 흘러만 가느냐

얼씨구나 갔으면 갔지 설마 갔겠느냐?

우리 조선에 병이 많아서

약이 나 싸 가지고 흘러 가누나.

얼씨구나 갔으면 갔지 설마 갔겠느냐?

이 농요의 반복이나 후렴구는 우리 전통가락을 그대로 지니고 있다. 이 농요는 일제시대에 불린 노래로 추정된다. 일제시대에는 우리 농요들이 뒤섞이는 경향이 있는데 여러 지역의 노래들로 짜깁기가 된 듯한 느낌이 든다. 짜깁기면 어떠한가? 노래로나마 그들의 시름을 달래면 그만 아닌가? 척박한 대지에 어려운 노동 여건…… 그저 한 자락의 농요가 유일한 몸 풀기가 아니었을까?

질꼬내기 원전

오동동홍 추후우야 달 보 홀읅은 밤에 헤헤
임으냐 새해 앵객이 절로만 낭구나 하하
얼씨구나야 가 갔시믄 갔지 제가 설마나 갈소냐 하
추냐 더헙냐 내 푸 훔에 들고라 하하
밸 것이 어허 없걸낭 내 포 홀만 베어라 하하
그렇고 말고서 허허 다 헐말인가 갔시믄 갔지 제가 설마를 갈소냐하
노랑노호 호랑 세사 함베 치매 헤헤
주름아 주후 후름아 상내만 낭구나 하하
얼씨구냐아 가 갔시믄 갔지 제가 설마나 갈소냐하
팽풍치고 불써 헌방에 헤헤
임으냐 소 흔질이 얼른허네 허허
얼씨구냐아 가 갔시믄 갔지 제가 설마나 갈소냐하
임의손짓 얼른 허 허덴 헤헤
유자하 사하 항내가 절로만 낭구나 하하
얼씨구나 가 갔시믄 갔지 제가 설마나 갈소냐하
몰라 물후 훌아 청산에 물아 허허
뭣이야하 바 하빠서 흘러만 강구나 하하
얼씨구나 가 갔시믄 갔지 제가 설마나 갈소냐하
우리 조선에 뱅이 이나 많아서 허허
약이나 씨 씨자고 흘러 허서 강구나 하하
얼씨구나 가 갔시믄 갔지 제가 설마나 갈쏘냐하

시집살이

선창: 아이고 다밥 감장시야 / 외지말고 감 팔아라

후렴: 웬수년의 시누야 애기 / 감 돌라고 날 조르네
선창: 웬수년의 시오마니 / 쇳대 열대 차고 나갔네
후렴: 에라요년 요망한 년 / 네가 얼매 으짓허믄 쇳대 열대 차고 나갔나

나눔으로 삶을 만들다

남원시 산내면은 경상남도 함양과 바로 접경을 이루고 있고, 논도 호남지역에서 흔히 볼 수 있는 평야지대가 아닌 대부분의 경상도 지역처럼 산자락을 개간하여 만들어진 논의 형태를 취하고 있어 두레가 그리 발달하지는 않았다. 그러나 1960년대까지 공동울력 등이 진행되었다고 전해지고 있다.

공동울력은 전통적인 농촌마을에서 볼 수 있는 공동체적 행위로 주민들이 힘을 합하여 남의 일을 서로 도와주고 협동하는 것을 의미한다. 울력은 길흉사가 있어서 일손이 모자라는 농가, 과부나 노약자만 있는 집, 초상을 당한 집, 일손이 없어 적기에 일을 제대로 하지 못하는 집이나, 추수하고 난 뒤 아직 나락을 거두지 못한 집이 있는데 비가 올 것 같아 피해를 볼 것 같은 집들을 도와주는 것을 울력이라 했다. 그러나 울력은 마을 사람들이 서로 노동력을 합친다는 점에서는 두레나 품앗이와 같은 기능을 하고 있었으나 상호 노동교환방식을 전제로 이루어지지 않았다는 점이 특징이다. 다만 주인은 울력 나온 사람들에게 성의껏 음식을 대접하였다. 울력은 마을공동체를 이루는 중요한 행위로 서로 상부상조하고 우리네의 터가 만든 오래된 미풍양속이다. 중황마을은 모내기, 김매기, 타작 등을 통하여 서로 상부상조하는 나눔으로 그들만의 터를 이루어 왔다.

마을공동체 놀이, 당산제

마을공동체 행사 중의 하나는 당산제이다. 당산제는 마을의 당산신을 모시는 일로 특히 새해 첫 마음을 여는 중요한 행사로 여겼다. 당산제는 마을이라는 사회공동체가 행하는 간절한 염원을 축원하는 공동의 신앙행위로서 당산신에게 마을의 풍년과 안녕을 기원하는 원시적인 신앙행위였다. 그러나 이러한 신앙행위는 마을의 공동체성을 강화시키고 서로 간에 쌓여 있던 갈등도 해소하고, 단합과 새로운 마음가짐을 갖게 하고 애향심을 고취시키는 중요한 놀이이기도 했다. 이 과정에서 마을의 공동체성을 더욱 든든하게 했던 것은 음복飮福과 제의祭儀 및 뒤풀이로 행해지는 줄다리기를 비롯해 풍물굿판 등 여러 가지 흥겨운 마을축제가 자연스럽게 이루어지곤 했다.

중황마을도 마을의 공동신앙행위인 당산제가 열린 바 있으며 중황마을의 당산제는 정월대보름에 당산제를 지냈다. 당산제는 메밥, 돼지, 산나물, 과일 등으로 일반제사에서 사용하는 음식을 보편적으로 사용하였다. 당산제를 마치고 나면 농악으로 여흥을 돋우었다. 산내면에는 당산제에 대한 이야기가 많다. 상황마을 당산제는 7월 7일, 백일리 당산제는 음력 1월 1일 해질녘에 하였고 매동마을 당산제는 음력 정월 초하루에 당산제를 지냈다. 그리고 소

년대 당산제는 정월 초사흘 새벽 1시에 당산제를 지냈다 한다. 공통적인 것은 당산제를 지내고 난 후 대부분의 당산제가 그렇듯이 음복을 통하여 서로 나눔의 시간을 보냈다.

어찌 보면 당산제를 지내는 것은 마을에서 가장 큰 행사이다. 단순히 종교행위를 넘어 사회적 공동체로서의 문화행사를 진행하는 날이었

마을	장항마을	원천마을	매동마을	소년대	삼화마을	백일마을	원백일마을
제의명칭	당산제	당산제	당산제	당산제	당산제	당산제	당산제
제의시기	1월 2일 밤 12시	1월 1~3일	1월 3일 밤 12시	1월 3일 새벽 1시	1월 3일	1월 1일 저녁	1월 1일
대상신	산제당/중당산/하당산	윗당산 아랫당산	할아버지당/할머니당 2	당산	할아버지/할머니 당산	윗당산/아랫당 (소실)	당산
제당위치	마을 뒷산 마을 앞	마을 입구	마을 뒷산/복지회관 옆	마을 뒷산	마을 입구	마을 뒷산 마을 입구	
제당형태	소나무/소나무+누석단	당산나무	나무/누석단/암체	병풍바위	느티나무 (+조산)	소나무	귀목나무
제의 주관자	깨끗한 사람 (제관1, 축관1)	깨끗한 사람	깨끗한 부부	깨끗한 사람 (제관 부부)	이장, 깨끗한 사람 4명	제관1, 축과1, 보조자1	깨끗한 사람 (제관 2명)
제차	금기-제사(중당산부터 모두 참여)	금기-위아랫당 불밝힘-샘위굿	금기-제사	금기-제사	제사	금기-(전설-절-독축-절-소지-음복)	제사
제의비용	거출	공동기금	공동기금	공동기금	마을전담	동답소출	마을공동기금
제후행사	대동음복-밤새 논다		음복			대동음복-합동세배-결산	
현행여부	존속	존속	존속	존속	존속	존속	존속
기타	하당=할머니당 산에서 굿침	제의 전 14일간 당산에 호롱불	제물 장만에 신령약수터 물 씀		지신제, 거리제 함께 지냄	윗당=할아버지 아랫당=할머니	일제 때 당산 베어진 후 다시 심음

마을	상황마을	중황마을
제의명칭	당산제	당산제
제의시기	7월 7일	두레잔치가 있는 날
대상신	당산	당산
제당위치	마을 입구	다른 마을로 통하는 길가
제당형태	느티나무	느티나무
제의주관자	깨끗한 사람(요즘은 이장)	이장
절차	제사(일반 제사와 같음)	제사(일반 제사와 같음)
제의비용	마을공동기금	마을기금
제후행사	풍물-음복	농악 치며 마을 돈다
현행여부	존속	존속
기타	제물 메와 술로 간소화	예전에는 정월 보름

다. 당산제 준비를 위한 마을회의는 당산제만을 위한 일을 결정하는 것이 아니라 마을의 대소사에 대한 논의도 동시에 진행된다. 대부분 당산제에 소요되는 비용은 당제를 위한 당제답堂祭畓이 있는 마을에서는 당제답에서 얻은 소출로 경비를 충당하지만, 그렇지 못한 경우에는 가가호호 형편대로 갹출을 하였다. 당제를 위해 제관, 축관, 호주를 선정하였고 선정기준은 부정함이 없는 깨끗하고 덕망 있는 인물로 선출하였다. 당산제의 제물은 육화주肉化主와 소화주素化主로 구분하여 사용하였는데 육화주는 고기류 일체를 준비하고 소화주는 고기류를 제외한 나머지 제물을 장만하였으나 요즘에는 한곳에서 동시에 장만하기도 한다. 당산제 제물에 가장 먼저 사용할 우물 정화가 당산제의 시작이라고 할 수 있다. 우물의 묵은 물을 다 걷어내고 깨끗하고 청결한 새 물을 받아 사용하며 우물의 주변에 금줄을 쳐 부정한 사람의 출입을 막고 집안을 깨끗이 청소하고 대문에 정황토를 뿌리고 금줄을 쳐 잡인의 출입을 통제하였다. 당제일 2~3일 전부터는 마을 입구에 금줄을 치고 외부인, 잡인, 부정한 사람의 출입을 금지하였으며, 당제 임원들은 당산신의 서의하고 있는 신목·솟대·입석·누석조탑·장승 등의 주변, 즉 당산지역을 깨끗하게 정화 청소한 후 정황토를 뿌려 신간神竿에 금줄을 두르며 영기를 세워 잡인의 접근을 차단하였다. 당산제를 치루기 위해 이렇게 까다로울 정도의 절차는 신을 섬기는 일과 인간을 섬기는 일이 다름과 정성을 보여주는 것이다.

당산제는 마을 공동의 축원뿐만 아니라 가가호호의 개별적인 소망을 하나하나 염원하는 일로 마을에 쌓인 갈등을 원만하게 하는 공동체행사였다. 당산제는 마을 신앙을 삶의 중요한 힘으로 보고 마을문화를 만드는 기폭제였다.

구전으로 전해오는 산내의 노동요

노동요는 일의 지루함을 달래기 위해 부르는 노래로 작업요라고도 한다. 노동요는 오랫동안 같은 동작을 반복하는 지루함을 노래로 지루함을 대신하거나 노동의 시름을 달래는 노래이다. 한편 노랫가락에 맞추어 노동의 속도나 동작을 맞추는 공동체의 의미도 지니고 있다. 보통 노동요는 선창을 하는 앞소리꾼 또는 소리 메기는 사람과 후창을 하는 뒷소리꾼 또는 받는 사람으로 구분되어 노래를 주거니 받거니 하면서 노래를 이어간다. 남원시 산내에도 구전으로 전해오는 노동요가 있다.

노동요

- 노동할 때 부르는 노래
- 어느 나라든지 노동요는 있었고, 한국에도 농경생활 초기부터 있었던 것으로 추정됨
- 놀음놀이를 할 때 부르는 의식요(儀式謠)나 의식을 치르면서 부르는 유희요(遊戱謠)와는 구별됨
- 노동요의 종류는 ① 농업노동요(밭갈이 · 모내기 · 김매기 · 타작할 때의 노래) ② 길쌈노동요(물레노래 · 삼 삼는 노래 · 베틀노래 등), ③ 토목노동요(땅다지기 · 달구질 등의 노래), ④ 운반노동요(가마 · 목도 · 상여를 멜 때의 노래), ⑤ 어업노동요(노 젓기 · 그물 당기기 때의 노래와 해녀의 노래 등), ⑥ 제분노동요(방아노래 · 맷돌노래 등), ⑦ 수공업노동요(풀무질노래 · 양태노래 · 망건노래 등), ⑧ 가내노동요(빨래노래 · 바느질노래 등)가 있음

다리세기노래

(구연자: 하황리 양영운)

"이거리 저거리 각거리
진주맹근 도맹근
짝발이 쇠양근
도래줌치 사래육
육두육두 절남육
지리산 중놈 잡아먹고 목이맨치* (껄떡깔떡 호맹이 한가락 꽹이 한가락)
귀에 따서 징 캥 (?)
저거리 각거리

•
목이맨치: 목이 막혀

진주맹근 도맹근
짝발이 쇠양근
도래줌치 사래육
성허고 나하고 씨름을 허니
성이 나한테 짚이 들퍼
일란둥이 좋아 넘다고 모기만치* 징 캥 (?)"

모노래

(구연자: 하황리 김상달)

"물꼬는 철철 열어놓고 쥔네 양반 어데 갔소
문에** 전복 손에 들고 첩의 방에 놀러갔네
무새 놈의*** 첩이 간데**** 밤에 가고 낮에 강가
밤으는 자로 가고 낮에로는 놀러갔네
첩아 첩아 날로 도오라 본처 간장 다 녹이네
이왕재야 녹든 간장 들은 정을 어쩌랑가"

모심는 소리

(구연자: 하황리 이순남)

"앞동산 봄춘 춘자요 뒷동산은 푸를 청자
가지가지 꽃 화자요 굽이굽이는 내 천자라
동자야 술 가득 부어라 마실음 자가 술안주라"

상여소리

(구연자: 하황리 양영운 외)

"간암보살
간암보살
간암보살
에넘에넘 어이가리 넘차 어허노
허노옴 어허넘 어이가리 넘차 어허노
스물네 명 유대군들 소리 맞차 발 맞추소

*
모기만치: 목이 막혀

**
문에: 문어

***
무새 놈의: 무슨 놈의

****
첩이 간데: 첩이기에

허노옴 어허넘 어이가리 넘차 어허노
앞 다친 게 조심허야 오늘 행사만 잘도 허소
허농 어허농 어이가리 넘차 어허노
허농 어허농 어이가리 넘차 어허노
허농 어허농 어이가리 넘차 어허노
어제 아래 성튼 몸이 저녁 나잘* 병이 들어
허농 어허농 어이가리 넘차 어허노
삼십 약이(?) 가는 몸이 태산 같은 병이 들어
허농 어허농 어이가리 넘차 어허노
부르나니 어머니요 찾나니 냉수로세
허농 어허농 어이가리 넘차 어허노
인삼녹용 약을 쓴들 약덕이나 입을손가
허농 어허농 어이가리 넘차 어허노
무녀 불러 굿을 한들 굿덕이나 입을손가
허농 어허농 어이가리 넘차 어허노
봉사 불러 경문헌들 경덕이나 입을손가
허농 어허농 어이가리 넘차 어허노
대미 쌀을 싣고 실어 명산대찰 찾어가서
허농 어허농 어이가리 넘차 어허노
상탕에 목욕하고 중탕에 두건 씻고
허농 어허농 어이가리 넘차 어허노
하탕에 메 올리고 촛대 한 쌍 벌여놓고
허농 어허농 어이가리 넘차 어허노
행로 향아 불 갖추어 소지 한 장 올린 후에
허농 어허농 어이가리 넘차 어허노
비나니다 비나니다 하나님전 비나니다
허농 어허농 어이가리 넘차 어허노
손발 닳도록 빌어를 본들 죽을 목숨 살려낼까
허농 어허농 어이가리 넘차 어허노
옛 노인 허신 말씀 저승길이 멀다더니
허농 어허농 어이가리 넘차 어허노
오늘 내가 당해보니 앞뒷산이 북망이라"

*
나잘: 나절(무렵)

땅과 농민의 두렁 이야기, 상황마을

황치골, 상물, 웃황치마을

인월에서 지리산을 바라보고 들어오다가 산내에서 지리산의 품으로 들어가는 것이 아니라 왼쪽으로 방향을 바꾸어 골짜기로 들어서면 황치골이다. 지리산에서 한 발자국 물러나 자리 잡은 삼봉산이 만든 골짜기의 가장 깊숙한 곳에 터를 잡은 마을이 상황마을이다.

마을이 만들어진 내력은 임진왜란 때 파평윤씨 통정대부 윤천옥이 지리산으로 피란 가던 중 등구치를 넘어가려고 지나다가 영산암이라는 바위 밑 굴속에 숨었다고 한다. 이것이 인연이 되어 굴로부터 약간 떨어진 지금의 이 마을로 내려와 마을 터를 닦아 정착하였다고 한다. 그 자손들이 번창하여 윤씨 문중마을을 형성하고 400여 년의 마을 역사를 만든 것이다.

마을이 들어서기 전에는 왼쪽 백운산 기슭에 황강사란 절이 있었고, 북쪽으로 약 200m 위치에는 꿩이 엎드려 있는 형국이라는 복치혈 굴이 있어 황강사의 황자와 복치혈의 치자를 따서 황치라 했다고 한다. 하지만 이런 마을 유래는 풍수지리설이 일반 백성에까지 펴진 조선 말기에 만들어졌을 것으로 추정된다.

　오히려 황치라는 지명은 달궁을 중심으로 마한의 전설에 나오는 정령치, 황령치 등의 땅이름과 연관하여 해석하는 것이 옳을 것 같다. 달궁에 성을 쌓고 군사적으로 중요한 지점에 장군을 파견하여 지켰다는 전설이 전해지는데 정 장군이 지켰다는 정령치는 운봉에서 들어오는 길목이며, 황 장군이 지켰다는 황령치는 마천에서 들어오는 길목이다. 그렇다고 했을 때 황치는 함양 읍에서 삼봉산을 넘어오면 지리산으로 들어올 수 있는 길목이다. 이런 중요 길목이라 만들어진 이름으로 추정될 뿐 산내지역의 통일신라 이전 역사를 복원하는 과정에서 풀어질 숙제이다.

땅 이름이 어떠하든 웃황치, 상황마을은 양지바르고 토질이 좋아서 산내 지역에서는 가장 부촌으로 알려져 있으며, 문중마을이라 마을 단합이 잘 되고, 삶이 풍족한 만큼 문화도 풍족한 마을이었다.

농민의 마음을 하늘로 이어주는 당산나무

상황마을에 들어서면 가장 먼저 눈에 들어오는 것이 400여 년의 나이를 가진 아랫당산나무이다. 여름이면 당산나무 아래에서 쉬고 계시는 마을 주민들을 만나게 된다. 우리나라 여느 마을에서나 그러하듯이 끝마을·윗마을의 특징은 길손의 발길이 머무는 곳이다. 그래서 상황마을을 들어가면 당산나무 아래에서 간식거리나 술 한 잔이라도 먹여서 보내지 그냥 보내는 경우가 없다. 당산나무는 이렇듯 마을 주민의 쉼터이자 나그네의 쉼터이다.

또한 당산나무는 마을 주민들의 마음을 하늘로 이어주는 신앙의 대상이기도 하다. 남원 지방의 당산堂山은 마을을 지켜주는 수호신이자 그 수호신이 기거하는 공간을 말한다. 그렇기 때문에 마을 사람들은 당산신을 신성하게 여겨 왔고, 해마다 당산신에게 제사를 드리면서 마을과 마을 사람들의 불안을 없애주고 풍요롭고 편안한 삶에 대한 소망을 기원하는 곳으로 여겨 왔다. 본래 당산은 산에 있는 당이라는 의미로 당은 신의 몸체를 말한다. 대개 웃당산할아버지당산과 아랫당산할머니당산 두 군데로 나누어져 있는데 간혹 한 개의 당산만 있는 곳은 후대로 내려오면서 두 당산을 합했거나 한 개가 없어졌기 때문이다. 따라서 대체로 할아버지당산은 산 중턱이나 산꼭대기에 위치하고 장승 솟대 누석단이 있으며, 할머니당산은 마을 위쪽이나 마을 속에 위치하며 당집이나 산신당, 성황단을 모시는 곳이 많다.

모든 당산이 윗당산과 아랫당산으로 나누어져 있는 것은 천부지모天父地母 사상에서 기인하는 것으로 천부는 하늘의 아버지, 지모는 땅의 어머니란 뜻이다. 이것은 여러 가지 의미를 담고 있는데 하늘과 땅은 곧 음양사상을 의미하고, 육지와 바다, 남자와 여자, 산과 들, 이런 대립 쌍들을 의미한다. 곧 할아버지당산과 할머니당산은 하늘과 땅을 모두 관장한다는 뜻이다.

그러므로 당산제를 지내는 이유는 이러한 당산이 마을의 평화를 지켜준다고 믿는 관념에서 우러나오는 행위이며, 윗당산이 산에 있고 아랫당산이 마을 속이나 주변에 위치하게 된 이유도 같은 맥락이라고 할 수 있다. 이렇듯 당산은 하늘에 순응하며 살아가는 마을 주민들의 염원이 담긴 곳이다.

상황리의 당산제는 이전에는 상당히 풍성했다고 한다. 상황당산제는 정월 대보름날 아침에 지내는데 당산제의 날이 다가오면 마을에서는 궂은일이 없고 부정이 끼지 않은 제주를 정하여 매굿을 치면서 걸었던 쌀을 몇 알 주어 제수를 장만했다고 한다. 매굿을 치면서 걸은 쌀은 깨끗한 집에서 걸은 쌀과 궂은 집에서 걸은 쌀을 분리해서 놓았다가 깨끗하고 우환이 없는 편안한 집에서 걸은 쌀은 재물을 장만하고, 궂은 집의 쌀은 팔아서 그 돈으로 제수를 사온다. 제주는 당산제가 있기 사흘 전부터 집과 당산나무 주위에 금줄을 치고, 목욕재계하고 깨끗하게 치성으로 제수를 장만했다고 한다. 정월 대보름 아침이 되면 제주가 당나무 밑에 제물을 다 차려 놓으면 치배들은 굿가락을 그친다. 당산의 제물은 어물, 고기, 채소, 나물, 백설기, 메밥 등을 모두 차리며 제주는 술잔을 올리고 축관은 축문을 읽는다. 축문이 끝나면 치배들은 굿가락을 이루고 동민들은 돌아가면서 당전에 술을 올리고 절을 한다. 절이 끝나면 당산나무 밑에 술을 붓고 지신밥을 먹었다고 한다. 궂은일이 있던 사람은 제 지낼 때 근처에도 가지 않았다고 한다.

음복이 다 끝나면 치배들은 당마당에서 판굿을 한바탕 걸판지게 친다. 당산제가 끝이 나면 마을로 내려와 샘으로 향한다. 마을 공동우물에 가서 하는 샘굿은 풍물패가 장단을 맺고 상쇠가 샘풀이 축문을 외며 샘 주변을 한 바퀴 돈다. 샘굿은 산내면에 있는 마을 대부분이 지냈던 것으로 샘(우물)은 생활에 있어서 가장 중요한 곳이다. 샘은 마을의 생명수이면서도, 마을 여인들의 공간으로 마을의 모든 소문들이 여기서 출발하고 매듭이 되는 곳이다. 그래서 우리 조상들은 동(洞)이라고 해서 같은 물을 먹는 사람들을 같은 마을 사람으로 여겼다.

샘굿을 마치고 나면 한바탕 판굿을 벌이며 가가호호 방문하여 마당밟이를 한다. 마당밟이는 그 집안의 액을 몰아내고 복을 빌어주는 지신밟기의 의미를 지닌다. 마당밟이는 신앙적인 요소도 있지만 실질적으로 이웃끼리 잘 살아보자는 힘 다지기 한판이기도 하다. 한 해 동안 살면서 불편한 것들이 있었거나 미안한 감정들을 이 기회에 풀어내고 또 한 해 동안 잘 살아보자는 의미가 더 크다. 집에 들어가면 부엌에 들어가 한 해 굶지 않게 조왕신께 빌고, 뒷간에 가서 측간신께 건강을 빌며, 장독간에 가서 철용신께, 곡간에 가서 풍농을 기원하고, 외양간에 가서 가축들 잘 크라고 빌며, 마지막으로 집안의 제일 큰 어른이신 성주님께 기원한다. 이렇게 온종일 마을을 돌면서 마당밟이를 하고 풍물고로 와서 가락을 맺은 후 풍물을 풍물고에 넣으면 길고 길었던 당산제가 끝이 난다.

이렇듯 풍성했던 당산제는 새마을운동이 시작되면서부터 매년 두레잔치가 있을 때 추수감사의 의미로만 지낸다고 한다. 제물도 간소화되었고, 제관은 보통 이장이 주관한다. 그리고 비용도 마을 기금으로 공동 운영한다.

땅에 순응하면서도 먹거리를 만들어낸 논배미

상황마을을 지나 삼봉산으로 발걸음을 옮기면 산내면에서 가장 넓다는 상황들이 펼쳐진다. 층을 이루고 있는 다락논들이 계절마다 아름다운 풍경을 만들어낸다. 지금은 경지정리가 다 되어 반듯반듯한 모습을 갖추고 있지만 옛날부터 지리산 골짜기의 논들은 거의 다 계단식 논이었다. 경작지라고 해야 들판보다 비탈이 더 많은데 논에는 물을 댈 수 있어야만 하니 천수답이 아니라도 위에서부터 물을 대야 고루 경영할 수 있었던 것이다. 삼봉산에서 내려오는 계곡물을 이용하여 만들어진 논배미들, 그리하여 비탈을 타고 내려오는 계단식 논의 굽이진 논배미는 조상들의 슬기와 멋이 한껏 배어 있는 우리 땅의 가장 아름답고 전형적인 표정이라 할 수 있다. 경지정리가 되면서 꾸불꾸불한 계단식 논은 우리 주위에서 자꾸 사라져 가고 있지만 아직도 그것은 지울 수 없는 우리네 향토적 서정의 징표가 되고 있다. 원만하게 굴곡진 먼 들판의 모습은 자연과 가장 잘 어울린 인간이 만들 수 있는 최고의 예술품, 바로 그것이다……. 어디도 모나지 않은 논배미는 순한 농군의 심성을 그대로 반영하는 것이다. 그 논은 절대 한쪽으로 기울지 않는다. 우리 선인들은 자연을 거스르지 않고 그 흐름에 따라 물결 같은 논두렁을 그리면서 중심 바닥만은 공평을 잃지 않도록 하였다.

삼봉산이 만들어낸 계곡으로 내리지르는 비탈을 깎아 논을 만들자니 비탈마다 보통은 몇 십 계단의 논으로 석축을 쌓았는데 논배미가 작은 것은 겨우 열 평 남짓 되는 것도 있고, 높게 쌓은 석축은 사람 키 두 길이나 되는 것도 있었을 것이다. 이런 지리산의 계단식 논은 소설가 송기숙 선생이 피아골의

모습을 통해 묘사해 놓았듯이 어느 논두렁 석축도 안으로 기운 것이 없고 모두 한 뼘이라도 더 넓히려고 바짝 곧추세웠다는 것이다. 그래서 논배미는 생긴 모양에 따라 삿갓배미·치마배미·항아리배미 같은 별명이 붙어 있으며, 상황마을에도 삿갓배미·된장배미 등의 별명을 가진 논이 여럿 있었다. 또한 계단식 논은 농민들의 땅에 대한 무서운 사랑과 집념을 남김없이 보여 옛 속담에 "자식 죽는 것은 보아도 곡식 타는 것은 못 본다"는 그런 농군의 정성이 계단식 논을 가능케 한 것이다. 계단식 논, 그것은 우리의 위대한 문화유산이자 우리 조상들이 장기간의 세월 속에 이룩한 집단창작이며, 삶과 예술이 분리되지 않고, 자연과 예술이 하나 됨을 보여주는 달인들의 명작이라고 할 수 있다.

문중마을을 만들다

산내면에서 유일하게 문중마을을 형성하고 있는 곳이 상황마을이다. 대부분의 마을이 각성받이이거나, 매동마을처럼 네 문중이 마을을 형성하고 있다. 상황마을은 파평윤씨 통정대부 윤천옥이 임진왜란 때 피란을 와서 정착한 마을이라고 한다. 파평윤씨의 시조 윤신달은 고려 왕건을 도와 건국한 삼한공신의 한 사람으로 고려 개국 후 지금의 경상도 통일신라를 통치한 총 사령관이었고, 왕건의 아들을 가르친 스승이기도 하다. 윤천옥은 시조 윤신달의 24세손이다. 파평윤씨는 고려 때 막강한 권력을 누렸고, 조선 명종 제13대까지 5명의 파평윤씨 중전이 포진할 정도로 권력을 누렸다. 그러다 문정왕후(1501~1565) 이후 파평윤씨를 견제하기 위하여 중전 간택을 기피하게 되었다.

윤천옥이 15세기 말에 지리산으로 들어오게 된 경위는 자세히 알려져 있지 않다. 다만 임진왜란을 피해서 왔다가 정착했다고만 전해져 오는데 정치적 이유는 알 수 없다. 어떤 이유로 황치골에 정착을 했는지 알 수 없지만 상황마을이 문중을 형성하기 위한 좋은 조건을 갖추고 있는 것은 사실이다. 비록 비탈이지만 산내에서 가장 양지바르고 토질이 좋은 넓은 논밭이 있기 때문이다. 또한 대부분의 마을들이 실상사를 비롯한 사찰들과 연관된 생업을 가졌지만 상황마을은 독자적인 경제기반을 가질 수 있었다. 파평윤씨가 지리산으로 와서 터를 잡을 때 양반문화를 이어갈 수 있는 곳을 골랐을 것이고, 불교의 영향을 어느 정도 벗어나면서 독자적인 경제기반을 가질 수 있는 곳을 골랐을 것이다. 그러한 경제기반 때문에 400여 년간 문중을 유지할 수 있었다.

상황마을은 문중마을의 특징을 잘 가지고 있다. 산내면에 초등학교가 생기고 나서도 가장 늦게까지 서당이 있었다고 한다. 서당은 마을의 교육기관이기도 하지만, 마을의 규범들이 만들어지고 훈육하는 공간이기도 했다. 아무리 부잣집 양반도 서당 훈장은 함부로 하지 못했던 것도 그러한 이유에서였다. 상황마을에서 이장과 새마을지도자를 오랫동안 역임했던 윤종배 씨는 지금도 서당 훈장님을 기억하고 있다고 한다.

또한 문중마을은 다른 마을과 달리 화합이 잘 되고, 마을에서 어려운 사람이 있으면 문중에서 도와주는 일이 많았다고 한다. 지금으로 말하면 마을의 복지가 잘 되었다고 할 수 있겠다. 400여 년 동안 문중이 유지되면서 전통문화가 가장 발달했던 곳이 상황마을이었지만 문중마을에서 장손이 마을을 떠나면 문중이 빠르게 해체되는 현실을 벗어나지 못했다. 1970년대 이후 도시로 떠나는 사람들이 늘어나면서 파평윤씨의 종손이 서울로 떠나게 되고, 다른 성씨들이 이사를 오면서 문중마을의 이미지는 퇴색되었다.

마을에서 마을로

상황마을에서 다른 마을로 가는 길은 세 갈래이다. 아래로 내려와서 산내면 소재지를 거쳐서 나가는 길, 마을 왼쪽 등구치를 넘어가서 마천면으로 나가는 길, 삼봉산을 넘어 함양읍으로 나가는 길이 있다. 마을 어른들의 말을 들어보면 각각 자주 사용했던 길이라고 한다. 주로 장날에 장을 보러 다녔다고 한다. 또 등구치만 넘어서면 창원마을이다. 창원마을은 마천지역의 물품이 모이는 곳이고, 양반들이 많이 살았기 때문에 많은 교류가 있었을 것이다. 그래서 다른 마을과 달리 함양에서 시집오거나 장가가는 사람들이 많았다고 한다. 지리산 깊은 산속 한 골짜기에 살던 사람들보다 상황마을에 사는 사람들은 정보도 더 빨랐을 것이고, 세상 돌아가는 것도 더 잘 알고 있었을 것이다.

삶의 경계,
등구재 이야기

남원시 산내면에서 함양군 마천면으로 오르는 길, 혹은 마천에서 산내로 오르는 길목에 오래된 고갯길이며 옛 길인 등구재가 있다. 함양군 마천면 창원리 창원마을에서 47년째 삶의 터를 이루고 있는 노봉자 할머니가 등구재의 빛바랜 기억을 담고 있다.

인월장 갈 때는 등구재를 넘나들었고, 함양을 갈 때는 오도재를 넘어가곤 했다고 한다. 예전에 넘어 다니고 했지만, 어째 등구재라고 부르는지는 모른다고 한다. 계속 등구재라고 부르니까 그렇게 부르고 있다는 것이다. 예전에 배가 고파서 등구재 넘어 인월장에 가면서 시퍼런 보리를 베어다가 절구통에 찧어서 죽을 쒀 먹기도 했다고 한다. 밀가루 죽 같은 거, 수수 같은 거, 밀기울 같은 것을 먹던 시절도 있었다. 옛날에 등구재에 절이 있었는지는 모르겠다고 기억을 더듬는다. 내가 여기 시집오니까 산내 쪽으로 등구재 넘어 사람이 살고 있던 기억이 있다고 한다.

인월장 다녀오면 참 무서웠다. 공동산이라고 해서, 산내 쪽으로 창원 쪽으로 묘지들이 있는데, 옛날에는 땅 없는 사람들이 죽으면 거기다 갖다 묻어서 공동(묘지)산이라고 불렀다.

"인월장 갔다가 밤에 오는데, 그때는 우리 아저씨가 살아 있어서 무서운 줄 모르고 왔지. 참, 무서운 길이라. 그 시절에는 찻길도, 차도 없으니까 장 담는 장독 같은 것도 없으니까 그걸 다 이고 왔재. 독 팔고 하는 그런 장사들은 동네에 들어오지도 않았어. 동네에 들어오는 장사라고 해봤자, 비누장사, 실장사, 멸치·갈치 장사들이나 오도재, 등구재 넘어서 들어왔지. 그 시절에는 소금장수도 안 들어와서 장에 가서 소금을 사야 됐어. 등구재 넘으면 마을 있고, 통래, 지금 같으면 실상사 앞 백일리. 거기로 내려가서 물가길 따라서 인월 갔지. 몇 시간이나 걸렸는지도 몰라. 시계도 없고 하니까 몇 시간 걸린 지는 몰라. 아침에 출발해 돌아오면 날 저물어 밤에도 오고, 일찍이도 오고 그랬지. 그때는 시계가 어디 있어? 돌아오면 벽에 붙은 시계보고 시간 알았는데, 그 벼루박(벽)에 붙은 시계도 부잣집이나 있었지. 없는 집에는 그런 것도 없었고, 없는 집에는 밥 한 끼 해먹기도 힘들었고, 감자 같은 거 삶아 먹고. 지금은 비니루가 있으니까 감자나 고구마도 잘 되지만, 비료도 있고. 그때는 비니루도 없어서 나락도 잘 안 되었지. 없는 사람들은 넘의 일 해가지고 먹고살고 그랬지. 아들들은 금계랑 등구학교라는 데로 다녔는데 지금은 다 없어졌지."

내일은 마천장 서는 날이다.

"마천장은 5일 10일, 함양장은 2일 7일, 인월장은 3일 8일 이렇게 나가고. 마천장은 생긴 지 얼마 안 됐어서 인월장 다녔지. 마천장 생긴 지가…… 십몇 년은 되었고만. 한 20년 다 되었을 걸. 마천장에서 살 게 있고, 인월장에서 살 게 있고, 함양장에서 살 게 있고 그래. 그건 지금도 그래. 필요한 거 따라 가야지. 마천장은 사람이 없고 쪼꼬매서 잘 되지도 안 해. 등구재는 왜 등구재라 하는질 몰라. 등구재 넘어가는데 발악재라는 데가 있어. 옛날에 웃발악재, 아랫발악재라 부른 데가 있거덩. 거기는 옛날에 호랑이가 사람을 물고 가다가 한 팔은 아랫발악재 가서 떼어먹고, 한 팔은 웃발악재에 가서 떼어먹고 그래서, 발악했다 해서 발악재라 카데. 근데 등구재는 왜 등구잰지 몰라."

민초들의 지킴이,
의중·의평마을

● 여울목 마을, 숯 굽던 마을

의탄리는 경남 함양군 마천면 소재지에서 강을 따라가다 보면 추성리 칠선계곡과 창원의 등구로 들어가는 갈림길이 있는 곳으로 고려시대에 의탄소義呑所가 있던 곳이다. 그중 의중義仲마을은 의탄리의 한가운데 있는 마을이라고 하여 중말이라고도 부른다. 동국여지승람에 의탄소가 있었다는 기록이 있는데 의탄소義呑所의 여울 탄灘 자를 사용하였다 하여 여울목이라는 뜻을 지니고 있는 것으로 추측하고 있다. 한편으로는 숯 탄炭자가 옳다는 주장도 있다. 숯 탄자가 옳다는 이유는 구형왕이 추성마을에 있을 당시 참나무 숯을 구웠다는 설에 의하여 전해지는 이야기이다. 의중義中마을은 1580년 조선조 선조 때에 함양박씨咸陽朴氏 증시조 선善 16대손 사신士信, 사성士成 두 형제가 마천으로 들어와 살다가 그중 한 사람은 의중마을로 또 한 사람은 의평마을로 들어와 계속 살았다고 전해지고 있다. 의중마을은 전라북도 남원시 산내면과 경계를 이루고 있는 경상남도 함양군 마천면에 위치하고 있는 마을이다. 함양군의 금계마을을 지나기 바로 직전에 차량 한 대 정도 통과할 수 있는 다리를 건너면 처음으로 만나는 마을이 의평과 의중마을이다. 이 마을길

을 따라가다 보면 과거 벽송사로 올라가던 옛길을 접할 수 있다. 이 길을 따라 오르다 보면 한국전쟁의 아픔이 곳곳에 배어 있는 길목을 만나게 된다.

마을에서 한국전쟁의 흔적을 찾다

의중마을 한가운데 아주 오래된 구옥이 하나 있다. 기와와 처마는 사람의 손이 닿지 않은 지 아주 오랜 세월이 흐른 듯하다. 마당 한쪽에 자리한 화장실을 보니 사람이 기거하고 있는 듯하다. 그 화장실 또한 잿밥과 쌀겨로 볼일을 처리하는 전형적인 재래식 화장실이다. 이 모든 것들이 남루하기 그지없

다. 오랜 세월을 머금고 있는 가옥을 불신검문이라도 하듯이 들어선 건물 뒤편이 유일하게 당시 집안을 볼 수 있는 광경이다. 약 한 평 남짓한 공간……한국전쟁 당시의 한국사회의 상황을 암시하는 글귀가 적혀 있다.

"휴전하는 동안에 문맹자를 없애자", "배우자 한글 가르치자 우리글", 그리고 몇 겹 위에 드러난 1979년 9월 25일(화)자 소년동아일보 신문이 세월의 깊이를 대신하고 있다. 문맹자를 없애자는 표어가 단호하다. 의지가 상당히 강한 느낌이다.

망부望夫의 느티나무, 청운의 꿈을 품다

한편 의평마을에는 600년이 넘는 느티나무가 있는데 이 느티나무는 청년의 꿈을 품고 있는 나무이다. 의평마을은 함양박씨들로만 모여 살았던 씨족마을이다. 이 마을에는 공부에만 전념하고 있던 가난한 선비가 있었다. 우리가 알고 있는 선비의 모습인 책만 읽는 선비였다. 그의 부인은 가난한 살림에도 불구하고 정성을 다해 뒷바라지를 했으나 아홉 차례에 걸쳐 낙방을 하자 그의 아내는 마을 한가운데 있는 느티나무 앞에서 보름달이 뜨는 정월이 되면 밤을 새워가면서 기도를 드렸다고 한다. 과거 날을 몇 달 남겨둔 채 박 선비는 한양으로 과거시험을 보기 위해 길을 나섰다. 그러나 그는 아내의 정성 어린 기도에도 불구하고 산길을 걷다가 도적을 만나 죽임을 당하게 된다. 죽은 것도 모르고 아내는 정성스럽게 기도를 하다가 그만 병이 들어 아내마저 세상을 떠나게 되었다. 마을 사람들은 이를 불쌍하게 생각해 느티나무 앞에서 이 부부를 위한 제사를 지내고, 뜻을 이루지 못한 가난한 선비의 뜻을 기리기 위해 젊은 유생들이 시를 짓고 학식을 겨룰 수 있도록 하였다. 그 이후 마을 유생들이 수차례 장원을 하고 큰 인물이 배출되자 마을 사람들은 정월 초 삼 일에 서로 모여 평화제를 지내고 있다. 결국 이 느티나무는 마을의 평화, 안녕 그리고 풍년을 가져다주는 동시에 청년들에게는 큰 뜻을 품게 하는 나무로 인정받고 있다.

또 다른 마을지킴이

함양박씨 부인의 정성 덕분일까? 용유담에 가다 보면 용유담이 내려다보이는 자리에 무속행위를 할 수 있는 공간이 잘 보존되어 있다. 이렇듯 지리산에는 민간신앙들이 다양하게 산재되어 있다. 무속인에 의해 조성된 민간신앙이 있는가 하면, 마을 자체에 전통적인 민간신앙의 흔적이 허다하다. 지리산을 품에 안고 사는 모든 마을이 그렇듯이 의중마을도 그 흔적을 찾아볼 수 있다. 마을에 들어서면 인사라도 하듯 두 그루의 나무가 서로 마주 본 채 자리를 하고 있다. 그리고 마을길을 따라 마을 끝자락 즈음에 도달할 때면 또 하나의 당산나무가 당당한 위세로 자리를 지키고 있다.

지리산을 품에 안고 사는 마을에는 누석단, 솟대, 돌장승과 목장승, 선독 등을 흔히 볼 수 있다. 남원시 산내면의 중황마을에는 오랜 세월을 겨우 겨우 견디어내고 있는 누석단 2기가 있다. 누석단은 마을 소년들이 죽자 지관의 지시에 의해 세워졌다고 한다. 그래서 '조산', '조산무데기' 혹은 애기바위라고 부르기도 한다. 누석단에 대한 이야기 중 하나는 그곳에 돌을 던져 맞으면 자식을 낳고 맞지 않으면 자식을 얻지 못한다는 전설도 있다. 그리고 장승하면 목장승만 생각할 가능성이 높지만 석장승도 심심찮게 볼 수 있다. 중요 민속자료 7호인 경남 충무시 문화동의 석장승은 '토지대장군土地大將軍'이란 명문과 함께 홀로 서 있는 독獨벅수로서 광무10년 1909년에 세웠다. 1725년에 세웠다는 전북 남원군 산내면 입석리 실상사 입구에 있는 석장승민속자료 15호는 남장승으로 머리에 모자를 쓰고 있다. 그리고 중요 민속자료 11호인 전남 나주군 다도면 마산리 불회사 입구에 있는 돌장승은 조형미가 돋보이는 것으로 유명한데, 특히 남자장승은 선이 굵어 남성적인 인상을 준다. 왕방울 같은 눈은 툭 튀어나와 있고 코는 주먹코이며 길게 자란 수염을 땋아서 가슴에까지 늘어뜨렸으며 송곳니가 아랫입술 위로 삐져나와서 전체적으로 무섭다고 하기보다는 해학적인 형상이다.

석장승은 절에 의해 세워진 장승이라 하더라도 종교적 의식보다는 마을 사람들의 비보사상의 대상이라는 점이 더욱 강한 특징을 지니고 있다. 그리고 선독은 민간신앙의 징표물이다. 실상사 북서쪽으로 약 700여m 떨어진 곳에 선독마을 가는 길 마을 입구에 느티나무와 함께 2기의 선독이 민간신앙의 또 다른 지킴이임을 증명해주고 있다.

의중마을과 연계되어 나타나는 장승은 벽송사에 있는 민속자료 2호 목장승이다. 벽송사 목장승은 사찰입구에 세워져 있으며 잡귀의 출입을 막고 경내의 금지된 규제와 풍수비보를 지켜주는 장승이다. 왼쪽의 장승은 머리 부분이 불에 타 없어지고 입은 홀쭉하게 꼭 다물고 있으며, 뺨의 모양은 움푹 패여 있다. 그리고 장승에서 보기 드물게 수염이 있다. 그리고 장승에는 '금호장군禁護將軍'과 '호법대신護法大新'이라는 명문이 몸체에 새겨져 있다. 밤나무로 조각된 목장승은 얼굴의 표정이 과장과 절박을 동시에 표현하고 있어

장승의 모습을 잘 파악할 수 있다.

이와 같이 민간신앙의 형태라고 할 수 있는 누석단, 솟대, 당산나무, 장승 등은 단순히 민간신앙의 형태만을 이야기하지는 않는다. 마을의 다양한 관계 맺기에 있어서 정치 · 경제 · 교육의 기능에 의해 마을의 공동체성이 유지되었다고 본다면, 또 다른 기능은 종교이다. 이러한 종교적 기능은 민간신앙의 시설물로부터 나타난다. 과거 마을에서 볼 수 있는 종교적 기능은 민속신앙인 토테미즘이나 애니미즘적인 성격이 강하여 이러한 종교적 성향이 마을 사람들 간의 이웃관계를 유지시키는 중요한 역할을 하게 된다. 마을 사람들이 모여 제사를 드리거나 기원하는 곳이 마을에서는 중요한 장소였다. 이러한 장소는 단순히 민간신앙의 대상을 넘어 마을공동체를 유지시키는 정치적인 장소이기도 했다. 마을제사는 국수당, 산제당, 성황당, 서낭당, 당목, 장승, 솟대, 누석단, 선돌, 돌무덤, 상여집 등 아주 다양한 곳에서 지낼 수 있었다.

장승과 솟대는 마을 입구에 위치하고 돌미륵 혹은 선돌 그리고 돌무덤은 이웃마을과의 경계지역에 위치하며 산제당과 성황당과 같은 국수당은 뒷산의 중턱에 위치하였다. 당목은 정자나무 터와 같을 수도 있고 한적한 곳에 위치하기도 하였다. 그리고 상여집은 마을 어귀의 한 모퉁이에 위치하였다.

　이러한 마을신앙물의 공간적 배치는 하나의 위계적 질서를 지니고 있다. 이는 땅에서 하늘에 대한 향함과 세속에서의 거룩함의 상징이기도 하다. 그리고 서낭당, 돌무덤, 돌미륵→솟대→당나무→종가→묘→산지당(수호산)으로 연결되는 일련의 동선은 마을의 중요한 중심축을 이루게 된다. 여기에서 종가는 마을의 물리적 영역을 표시하는 상징적 중심이기도 하다.

의중마을 지킴이, 산신제 · 거리제

　대부분의 마을은 풍년과 안녕을 위해 마을의 주산을 최고의 산신으로 모시고, 마을 입구에 다양한 거리신을 모심으로써 마을은 사람뿐만 아니라 신령도 같이 사는 공간으로 이해해 왔다. 이러한 신령이 사는 공간이 상당신과 하당신이다. 마을신앙은 상당신과 하당신을 중심으로 각기 마을의 특성에 맞게 주신을 모시고 있다. 산이 많은 우리 국토는 대부분 산신을 모시고 있다. 따라서 주산主山은 산을 끼고 있는 경우에는 쉽게 접근할 수 있었으나, 주산에 접근하기 어려운 평야지대나 바닷가 마을 등은 산신에 대한 접근 자체가 어려워 산신당이 마을 입구나 한복판에 위치하기도 하거나 아니면 마을 입구를 포함하여 마을둘레에 적당한 노거수를 심거나 선택하여 당산堂山으로 대신하기도 하였다. 특히 외부에서 마을로 이어지는 길은 주된 마을 입구 외에 여러 길이 있어, 이들 길목마다 당산나무와 누석단, 선돌 등을 위치시켰다.

　마을의 상당신은 마을 뒷산에 존재하는 막연한 인격을 지닌 자연적인 모습의 산신이다. 어떤 형태도 없이 산에 산신이 있다는 신념에서 마을을 돌본다고 믿고 있기 때문이다(그러나 경우에 따라 인물을 상당신으로 모시기도 한다. 마을 창건신, 시조신, 수호신이 그러한 예이다). 이렇듯 마을에서 가장 중요한 공간을 산과 마을 입구로 생각해 왔다. 따라서 마을에서는 상당신과 하당신을 위치시키게 되는 것이다. 주산은 마을의 중심된 공간으로 마을의 대내외적인 상징물이기도 하다. 또한 종교적 관점에서 보더라도 주산은 소우주인 마을에 자리한 우주산인 셈이다. 우주산은 천상계와 지상계를 연결하는 가장 대표적인 곳으로 신의 영역으로 취급했던 것이다. 산이 인간계에 자리한 신의 영역이기에 신과 인간이 만나는 장소가 되며 마을도 신성화된 공간으로 구성되게 된다. 산은 결국 다양한 식물을 통한 먹거리를 제공하고 목재도 공급하고 홍수 피해도 막아주고 죽은 이의 자리도 마련한다는 점에서 거룩한 장소로 여겼던 것이다. 그리고 마을 입구는 신령에게 보호받는 마을 안과 보호받지 못하는 마을 밖을 연결하는 공시에 차단하는 장소가 되므로 선돌이나 당산나무 등을 위치시키게 된다.

의중마을의 상당신, 하당신도 이와 같이 마을의 뒷산을 주산으로 삼고 자리하고 있다.

금계와 노디목 사이,
금계마을

금대제일金臺第一 마을

　함양군 마천면 금계마을은 강으로 갈라진 맞은편 칠선계곡의 마을들을 다리로 연결해 땅으로 이어주고, 산내와 마천에서 물길 따라 이어져온 마을들을 역시 물길로 산청마을들과 이어주는 이정표 같은 마을이다. 금계마을 바로 앞을 흐르는 물길은 인월에서부터 북서쪽 지리산 자락의 계곡물을 받아 흐르던 람천이 뱀사골계곡과 백무동계곡의 물과 합수되어 임천강으로 불어나고, 이어서 칠선계곡과 합수되어 엄천강으로 물길의 이름이 바뀌는 물목에 위치한 삼거리 물길이다.

　마을 뒤로는 주산 격인 금대산이 자리하고 있다. 산의 이름인, 금대金臺에서도 암시되듯, 임천강 줄기를 경계로 지리산의 주능선을 바로 눈앞에서 한눈에 관찰할 수 있는 뛰어난 조망을 갖고 있는 산이다. 지리산에서 이렇게 뛰어난 조망을 관찰할 수 있는 대臺로는 영신대 · 종석대 · 만복대가 유명하나, 이 대들은 모두 지리 주능 내에 있어 지리 주능의 연봉들과 계곡의 전모를 보기에는 한계가 있다. 하지만 금대산은 지리산과 한 발치 떨어져 있어 오히려 가장 멀리 떨어진 노고단 정도를 빼고는 거의 모든 지리산의 주봉들과 주 계

곡들을 한눈에 볼 수 있는 보기 드문 전망대다. 지리산 마니아들 중에서도 금대의 진가를 아는 사람들은 그리 많지 않다. 그만큼 이곳은 지리산 비경 중에서도 잘 알려지지 않은 곳이다.

　금대산에는 신라 말 도선국사와 고려 말 진감국사가 수도했다는 설화가 전해 내려오는 해인사의 말사인 금대암이 있다. 지금의 절은 조선 후기 때 세워졌지만 문화재도 3점이나 보유하고 있는 유서 깊은 암자다. 해발 800여 m에 자리한 암자인 만큼 경내에 들어서면 고즈넉이 자리한 암자와 선방에서 선기禪氣가 산기운과 함께 조용하며 잔잔하게 풍경소리가 울려 퍼진다. 경내에서 조금 산 위쪽으로 전면이 툭 트인 조망을 하고 있는 곳에 암자 하나가 숨어들어 있는데, 그 경치가 말로 다 할 수 없다. 시원한 지리조망을 안에서 볼 수 있게 전면前面을 통유리로 했다. 더욱이 흙으로 지은 이 암자는 너와로 지붕을 얹은 너와집이다. '굴피 20년, 너와 100년'이라는 말처럼 세월의 무게가 고스란히 내려앉은 듯 너와 지붕은 여름 장맛비에 빗물을 먹어 먹빛처럼 검다. 암자를 울창하게 둘러싼 나무들이 마치 해탈한 듯 제 몸을 떠나 수피樹皮로 참선하는 스님들의 머리 위, 너와지붕으로 내려앉은 듯하다.

이 암자 바로 밑으로는 산죽으로 뒤덮인 작은 소로가 나 있다. 이 길로 몇 십 미터 내려가면 경상남도 기념물 제212호로 지정된 전나무를 만날 수 있다. 이 전나무의 수령은 약 500년 정도 되며 높이가 무려 40m, 둘레는 약 3m에 이르고 있으며 우리나라에서 현존하는 전나무 중 가장 크고 오래된 것이란다. 산중에 우뚝 500년 세월을 버티고 서 있는 전나무. 이 나무는 나무이기에 앞서 이 산의 전설이고 이 마을의 신앙이다. 이 나무가 서 있는 산과 마을의 정신이다.

징검다리 노디목

지리산 주능선을 병풍처럼 둘러치고 있는 금계마을은 금계포란金鷄抱卵 지형을 닮았다고 해서 붙은 이름이다. 하지만 이 마을의 원래 이름은 노디목 마을이었다. 노디란 이 지역 사투리로 징검다리를 이르는 말이다. 이 마을 맞은편 칠선계곡에 자리하고 있는 의중·의평·추성마을 사람들이 임천강 돌다리인 노디를 건너 만나는 물목마을이 바로 금계마을이다. 그래서 이 마을의 원래 이름이 노디목이 된 것이다. 지금도 마을 어귀에는 금계마을 표기 밑에 노디목이라고 함께 마을 이름을 표기해 놓았다. 하지만 지도에나 행정상으로는 노디목이란 마을 이름은 없다. 마을 이름의 내력을 모르는 주변지역에 살고 있는 세대들에게는 노디목이라는 살갑고 정겨운 마을 이름은 이제 서서히 잊히고 있다.

우리나라의 마을 이름은 1914년 일제에 의해 처음으로 실시된 전국 단위의 행정개편에 의해 대폭 바뀌는 운명을 겪었다. 행정상 식민통치가 더욱 효과적이고 편리하도록 여러 자연마을들을 합치거나 갈랐다. 이렇게 갈라지고

합쳐진 마을에 일제총독부는 마을 이름을 제멋대로 지었다. 대표적인 사례는 합친 마을의 앞머리를 따다 붙이는 것이었는데 그 과정에서 순우리말은 버리고 한자의 음만 대부분 차용했다. 물론 조선시대 유학 중심의 세계관에 의해 우리 마을의 이름이 중국식 한자명으로 바뀐 것도 또 다른 예이기도 하다. 하지만 그 경우는 순우리말로 부르던 원래 마을 이름이 갖고 있던 의미를 단지 한자로 바꾸는 것에 그친 경우가 대부분이다. 하지만 일제는 달랐다. 마을을 제 편리대로 가르고 합쳐 수백 년 이어오는 자연마을의 고유성을 헤쳐 놓았다. 마을 이름을 제 식으로 바꿔놓은 것은 또 하나의 창씨개명이었다.

　사람이 태어나면서 평생 불릴 자신의 이름을 갖게 되듯 마을도 형성되면서 자신만의 고유한 이름을 갖게 된다. 모든 사물의 경우도 자신의 모양, 용도, 성질에 따라 고유한 이름이 붙는다. 마을도 사물과 마찬가지로 자신만의 고유한 특성에 의해 다른 마을과 구별되는 이름을 갖게 되는 것이 보통이다. 하지만 자연마을이 보통 사물의 명명 과정과 조금 다른 것은 어느 한 사람에 의해 명명되는 것이 아니라, 수대에 걸쳐 사람들 사이에 전설처럼 떠돌다가 자연스럽게 정착하며 불려 내려온다는 것이다. 이런 마을의 이름들에는 그 마을의 모양, 성질, 전설, 역사, 풍습, 정신 등등이 이야기처럼 담겨 내려온다. 문자가 발명되기도 전부터 구전되어 내려오는 것이다. 그런 마을들의 이름에는 마을의 생김새와 내력이 한 편의 시처럼 들려온다. 기생 화산인 오름 주위에 마을이 생겨 거리를 형성했다고 해서 붙은 제주도 제주시 오라동의 '오름가름•'이 그렇고, 마을이 산으로 둘러싸여 있고 양지바른 곳에 있어 일 년 내내 따뜻한 지역의 마을이라고 붙은 전라남도 해남군 화원면 후산리의 '따순기미••'가 그렇고, 여름에 우물가에서 매미들이 요란하게 운다고 해서 붙은 경상남도 밀양시 삼랑진읍의 '매롱새미•••'가 그렇고, 물이 깊은 하천이 있는 마을이라 이름 붙은 충청북도 영동군 심천면 심천리의 '지푸내••••' 마을이 그렇다.

노디목이란 이 마을의 원래 이름 또한 강으로 갈라진 강이라는 뜻이 가르다에서 나왔다. 맞은편 계곡마을들을 돌다리인 노디로 이어주는 마을이라는 뜻으로 지어졌다. 그런 살가운 노디목 마을이 금계포란이라는 명당지형을 닮아 금계金鷄로 변경했다고 친절하게 일러주는 마을 어귀 안내판이 섭섭하기만 하다. 노디처럼 순진하게 누대를 살아온 지리산 산촌마을 사람들이 무슨 출세를 바라서 금계라 이름을 바꿨을까? 자신들은 아니어도 후대 자손들에게는 노디처럼 순수하긴 해도 가난은 물려주기 싫어서였을까? 옛날 노디가 있었던 자리에는 휑한 물살만 흘러가고 그 위로는 의탄교가 세워져 있다.

마을 사람도 아닌 그저 지나가는 사람이 잠시 품은 마을 이름 변경 내력에 대한 섭섭한 감정이 무슨 정당성이나 보상받을 성질의 것이 아님을 잘 안다. 하지만 말과 언어가 바뀌면 전달되는 내용과 뜻도 조금씩

•
가름은 제주도 사투리로 거리를 나타내는 말이다.

••
따뜻한 기미라는 말을 전라도 사투리로 표현한 것이다.

•••
매롱은 매미의 이 지방 사투리다.

••••
지푸다는 깊다의 이 지방 사투리다.

달라지기 마련이다. 과거 노디목마을 시절 사람들의 인연과 정을 이어주었던 마을에 새로운 다리가 들어서고, 지리산에서 가장 깊은 원시계곡인 칠선계곡이 9년간의 자연휴식년에서 풀린다는 소문이 떠돈다. 금계마을은 지리산 최고의 비경 계곡인 칠선계곡의 길목에 위치한 마을로 휴식년이 풀리게 되면 수많은 관광객을 지리산과 이어주는 길목마을이 될 것이다. 그렇게 되면 마을 주위에는 관광객을 상대로 새로운 상권이 형성될 것이다. 금계라 작명한 사람의 선견지명이 이것을 내다본 것일까? 아무튼 금계는 금계인 모양이다.

하지만 이렇게 예상되는 개발의 부는 순수하게 땅에 기대어 살아온 마을 주민의 몫은 아닐 것이다. 그런 부는 언제나 그렇듯이 셈이 빠른 외지인들의 몫이다. 이미 이 마을 위쪽으로는 외지인 소유의 땅이 늘어나고, 벌써 마을 위쪽 전망 좋은 곳으로는 외지인 소유의 전원주택이 하나둘씩 들어서고 있다. 저녁에 찾아간 마을 어귀의 정자에는 칠팔순 마을 노인들이 깊게 패인 주름에 한없는 무욕의 얼굴을 하고 지리산 너머 지는 해를 보내고 있는데, 자꾸 파헤쳐지는 마을 뒷산에 내리는 해거름에 자꾸 뒤돌아보는 내 마음만 초초하다. 금계에서 노디로 다시 마을 이름이 바뀐다면 의탄교가 무너지고 그 밑으로 사라진 노디돌이 다시 드러나지는 않을까? 사람들이 차에서 내려 불어난 물에 발목을 적셔가며 노디를 밟고 시린 물살을 건너가면 노디목마을 사람들의 누대에 걸쳐 이어준 따순 정들이 다시 이어지지 않을까? 그렇게 노디를 딛고 지리산 단풍구경 하러 간 사람들도 나올 때는 지리산유람기『유두류록遊頭流錄』를 남겼던 남명 조식 선생처럼 큰 지혜, 지리智異를 얻어 지리산 사람이 되어 있지는 않을까?

넉넉한 창고 마을,
창원

창고 마을

　창원마을은 조선시대 마천면 내의 각종 세로 거둔 물품들을 보관한 창고가 있었다는 유래에서 '창말'(창고 마을)이라 불리던 마을이었다가 1914년 일제에 의한 행정구역 개편에 따라 이웃 원정마을과 합쳐져 현재 창원이 되었다. 지리산 물품들을 한데 모아둔 창고 마을이었던 유래처럼 현재도 90가호에 이를 만큼 경제적 자립도가 높은 농산촌마을이다.

　　　　　　　　　　　　지리산 자락에 있는 마을들 중 이곳 창원마을처럼 지리산 천왕봉과 주변 봉우리들을 눈앞에 가까이 두고 바라볼 수 있는 마을을 찾기란 그리 쉽지 않다. 삼봉산을 주산으로 하고, 백운산과 법화산이 좌청룡 우백호를 이루고 있으면서 지리산 천왕봉을 안산으로 끌어들인 창원마을은 한눈으로 봐도 명당임을 금방 알 수

있다. 마을 양 옆을 감싸며 돌아 나가는 계곡 물은 산자락의 다랑논을 적시고 임천강으로 흘러나간다.

문文과 물物을 이어주던 고개마을

이 마을 뒷산에는 삼봉산과 백운산 사이의 등구재라는 고개가 있다. 거북이 등을 타고 넘는 모양의 고개라 하여 '등구재'라 불리는 이 고갯길은, 도로가 나기 전 산내면에서 함양을 오가는 가장 빠른 옛길이었다. 등구재를 경계로 경상도와 전라도로 나뉘는 이 고갯길은 오랫동안 두 지역의 문물을 이어주는 소통의 길이었고 수많은 만남과 헤어짐의 사연이 어린 아리랑 고개였다.

이 마을 왼쪽으로 이어지는 고갯길은 함양으로 이어지는 오도재 길이다. 오도재라 불리는 오도령悟道嶺, 773m은 서산대사의 제자인 인오조사印悟祖師가 이 고개를 오르내리면서 득도했다 하여 붙은 이름이다. 지리산 관문의 마지막 쉼터로 정상에 서면 지리산 주능이 파노라마처럼 펼쳐져 예로부터 많은 시인묵객들이 이 고갯길에서 걸음을 멈추고 지리산을 노래했다고 한다. 몇 해 전 도로가 포장된 오도재는 '한국의 아름다운 길 100선' 중 하나로 선정될 정도로 아름답다. 마치 뱀이 가파른 재를 오르려 수없이 몸을 비트는 듯 미학적인 구부림이 장관을 연출하고 있다. 가을에 오도재 정상에 서면 구부러진 도로가 끝나는 곳에서부터는 휴천면의 너른 황금 들녘이 펼쳐지는데 그 모습이 마치 뱀이 누런 들판으로 꼬리를 감추는 것 같다.

이처럼 아름다운 지리산 관문의 오도재는 옛날 이곳을 오르내리던 사람들에게는 가족의 생계를 지고 넘었던 눈물고개였다. 일제시대 때는 마천장이 없어 마천의 3대 특산품이었던 감과 옻칠, 한지 등을 오도재 넘어 30여 리 떨어진 함양장에 내다 팔아 가축과 소금, 건어물 등을 사왔다고 한다. 때로는 집에서 기르던 돼지와 새끼를 지게에 짊어지고 오도재를 넘어 그 먼 곳까지

내다 팔았다 하니, 이 잿길의 고갯마루에는 보부상 장돌뱅이들의 애환이 굽이굽이 서려 있던 잿길인 것이다. 판소리 여섯 마당 중 가루지기타령에 등장하는 변강쇠와 옹녀도 이 오도재를 넘어 마지막으로 정착해 살던 곳이 바로 이곳 등구 마천이다.

산 그림자 머무는 다랑논

지리산은 육산肉山이면서도 돌이 많다. 어머니 같은 깊고 너른 품을 갖고 있어, 골마다 완만하고 너른 경사면이 잘 발달돼 있다. 이런 지형적 조건으로 지리산으로 들어온 사람들은 골짜기 완사면에 석축을 쌓고 계단 형식의 다랑논을 지어 먹고살 수 있었다. 말하자면 다랑논은 지리산에 마을이 들어설 수 있도록 산이 베푼 선물이요, 다랑논에 기대어 살아온 지리산촌 사람들의 삶 자체라고 할 수 있다. 창원마을의 풍요와 넉넉함은 바로 다랑논 때문이라 해도 과언이 아니다. 다랑논은 산촌 사람들에게 물질적인 풍요만을 가져다 주는 것이 아니다. 사람이 짓는 다랑논에 자연은 철따라 아름다움을 갈아입힌다. 논물에 산 그림자 내려앉는 봄 다랑이, 짙푸른 햇살 내리쬐는 여름 다랑이, 황금 주름치마 같은 가을 다랑이, 흰 눈이 계단처럼 쌓이는 겨울 다랑이. 지리산 다랑논 풍경은 사람과 산이 함께 그리는 한 폭의 그림이다.

골목과 담에 쌓인 풍요

'등구 마천 큰 애기는 곶감 깎기로 다 나가고, 효성 가성 큰 애기는 산수 따러 다 나간다'라는 민요가 구전될 만큼 마천의 산촌마을에는 감나무가 많고 곶감이 달기로 유명하다. 산자락 다랑논들에 벼가 누렇게 익어 가면 골목마다 장대에 얻어맞은 애기 주먹만 한 호두가 후드득 후드득 털려나가고, 눈 시리게 푸른 가을하늘 사이로는 붉은 감들이 점점이 박힌다. 장작으로 쌓은 담에는 농부들의 부지런함이 차곡차곡 쌓여간다. 두세 집 걸러 외양간에서는 간간이 길게 게워내는 소울음소리가 들린다. 이렇게 풍요로운 창고 마을을 걸어 들어가면 고향 어머니 품에 안기듯, 시골의 넉넉한 농심에 푹 젖어들게 된다. 마을로 들어갈수록 도시의 전 때가 한 겹 두 겹 벗겨지며 한결 순해지는 나 자신을 볼 수 있게 된다.

얼음종이 한지

창원마을에 가면 꼭 들러보아야 할 곳이 있다. 마천면에서 유일하게 남아 있는 조선 닥종이를 만드는 이상옥 씨 한지 작업장이다. 몇 십 년 전까지만 해도 남원 산내와 마천은 1,000여 년간 이어져 내려온 지리산 실상 한지의 명맥을 이어 내려오고 있던 곳이었다. 하지만 양종이에 밀려 산내 마천지역

의 닥종이 제작은 빠르게 사양길에 들어섰다. 이제는 한두 집 정도만 그 명맥을 이어오고 있는 형편이다.

실상 한지는 실상사가 창건된 828년을 전후해 스님들이 불교서적 편찬을 위해 만들기 시작한 전통 한지로 원료인 닥나무의 품질과 제조기술이 뛰어나 전국 최고품으로 인정받아 왔다. 이상주 씨는 3대째 닥종이 뜨는 가업을 잇고 있는 분이다. 그는 한지를 만드는 일은 옛날부터 '고행'이라고 했다. 종이 한 장을 만들기 위해서 지리산 자락의 닥나무를 뜨거운 물에 쪄서 껍질을 벗겨낸 뒤 이를 얼음물에 담갔다 꺼내기를 반복하고 다시 잿물에 넣고 삶아 물매질해 마지막으로 종이를 뜨고 말리는 데 무려 백여 가지의 과정을 거쳐야 하기 때문이란다. 특히 좋은 종이를 얻기 위해서는 이 모든 과정을 가장 추운 겨울에 해야 한단다. 한지를 백지百紙 또는 '얼음종이'라 부르는 것도 여기에서 연유했다고 한다. 차고 맑은 물이 흐르는 지리산 계곡 바로 옆에 위치한 그의 한지 작업장과 집 뒤로는 얕은 동산이 있다. 마을 한 귀퉁이에 있어 정보가 없으면 그냥 지나치기 십상인 이 동산에는 푸른 조선 솔이 빼곡히 들어차 있다. 중간지점에 수령이 족히 2~3년은 돼 보이는 유달리 굵은 소나무 세 그루가 서로 용트림을 하듯 한껏 몸을 비틀며 하늘로 치솟은 모습이 장관이다. 용 비늘 같기도 하고 곰 발바닥 같기도 한, 깊게 패인 수피에서는 조선 장인의 어떤 '얼' 같은 것이 숨겨 있는 듯하다. 어떤 장인의 정신일까? 솔바람에 더욱 차고 흰 빛을 발하는 '얼음종이' 한지의 정신이 아닐까.

고개마을 당산

예로부터 우리나라 고갯길 어귀에는 서낭단이나 누석단 같은 것이 있어 험한 고갯길을 넘어가야 하는 사람들의 안녕을 빌었다. 이 마을 어귀에는 마을을 지키는 아랫당산이 있는데, 다른 마을 당산과 다른 점은 신목이 한 그루

가 아니라 다섯 그루나 된다는 것이다. 수령이 3백~4백 년가량 되는 느티나무와 참나무가 둥그렇게 당산 군락을 이루어 너른 당산 터를 형성하고 있다. 풍요로운 창고 마을은 당산도 이렇게 넉넉하다. 전라도 산내로 등구재를 넘어가는 길손들, 경상도 함양으로 오도재를 넘어가는 길손들의 안녕을 빌어주고 잠시 몸도 마음도 쉬어가라고 넉넉하게 그늘을 드리우는 창말의 당산은 다름 아닌 지리산 산촌마을 사람들의 '농심'일 것이다.

햇살네 산촌유학

2002년, '햇살네 교류학습'이라고 시작된 산촌유학은 이 마을로 귀농한 '햇살' 김일복 씨 내외가 수년째 하고 있는 일이다. 산촌유학은 10여 년 전 일본에서 시작된 프로그램으로 도시의 아이들이 농촌으로 와서 자연을 접하고 농촌을 만나는 프로그램이다. 요즘 들어 우리나라에서도 전국적인 관심으로 떠오르고 있다. 아마도 젊은 귀농자들이 늘어나고 도시의 젊은 부부 가정에서는 대안교육의 요구가 높아져가고 있기 때문일 것이다. 햇살네 교류학습에서는 창원마을 전체를 배움터로 활용하여, 유학 온 도시 아이들이 마을 어른들을 만나 예절을 배우고, 살아온 이야기를 들으면서 삶의 지혜를 배우고, 시골 마을의 친구들과 자연 속에서 어울리고 뛰어 놀면서 건강한 몸과 마음을 스스로 키워가는 힘을 갖게 해주는 것을 주목적으로 하고 있다. 올바른 교육철학을 몸소 삶으로 살아내고 있는 '햇살네' 부부는 풍요롭고 넉넉한 창고 마을의 또 다른 모습이다. 이것은 농촌의 생명이 도시를 살려내는 우리 모두가 꿈꾸는 내일의 농촌 모습일 것이다.

천왕과 선녀의 마을,
추성

천왕봉 마을

국립공원 제1호 지리산의 정상인 천왕봉을 마을 1번지로 하고 있는 지복을 타고난 마을이 있다. 바로 함양군 마천면 추성마을이다. 한라산의 탐라계곡과 설악산의 천불동계곡과 더불어 삼대계곡의 하나로 손꼽히는 지리산 칠선계곡의 명경지수를 따라 형성된 마을이 추성마을이다. 천왕봉을 마을 위에 칠선계곡을 마을 곁에 두고 있으니, 이만 한 비경을 하늘과 땅으로부터 물려받은 마을이 이 지상에 또 어디 있을까? 500년 전 지리산 등정에 나섰던 김종직도 이곳을 지나면서 무릉도원이라 감탄해 지리산유람기에 그 감회를 남기고 있으니, 가히 도원 중에 도원 무릉도원이 바로 추성이요, 천왕봉 마을이다.

추성에 깃든 가야

지리산에서도 가장 높은 천왕봉 밑에 그리고 가장 깊은 칠선계곡 아래에 자리한 추성마을은 빼어난 주변 산수의 비경 외에도 1500년이란 긴 역사의 숨결이 고스란히 묻어 있는 곳이다. 함양군지와 마천면지에는 추성마을의

지명 유래에 담겨 있는 역사를 상세하게 기록해 놓고 있다.

'신증동국여지승람 함양군' 편 '천왕봉 고성'의 기록에 의하면, "산속에 옛 성이 있는데 일명 추성楸城 또는 박회성朴回城이라 한다. 의탄에서 5~6리 떨어졌는데 우마가 갈 수 없는 곳이다. 지리산 천왕봉의 북쪽에 위치한 골짜기로 가락국 양왕구형왕이 이곳에 와서 성을 쌓고 추성"이라 하였다.

가야국의 10대 왕이며 마지막 왕인 구형왕이 신라의 공격을 피해 칠선계곡의 깊은 골짜기로 피신해 들어와 방어를 위해 성을 쌓고 추성楸城산성이라 명명한 데서 추성이란 마을 명이 붙게 되었다는 이야기다. 마을 사람의 말에 의하면 실제로 마을 뒷산에는 아직도 50~60여 m의 성의 잔재가 남아 있다고 한다. 나무와 숲에 가려지고 세월에 묵어 사람의 발길이 닿거나 눈에는 거의 띄지는 않지만 아직도 남아 있는 성터에는 가야의 마지막 숨결이 느껴진다고도 한다. 성城 앞에 (개)오동나무 추楸 자를 붙인 것을 보면 아마도 성 축조 당시 이 주위에는 오동나무가 많았던가 보다.

이 마을에는 추성 외에도 가야국에 얽힌 사연이 많다. 추성동에서 하봉으로 가는 길목에 칠선계곡과 합류하는 왼쪽 편에 국골이라는 계곡이 있다. 이곳에서는 구형왕이 한동안 진을 치고 신라의 침입에 대비했다고 한다. 해서

임금님이 머물렀던 골이라고 '국國골'이란 이름이 붙게 되었단다. 국골 옆에는 한여름에도 한기가 느껴지는 얼음터라고 하여 석빙고로 쓰였던 곳이 있고, 장구목이 쪽 산기슭에 포근히 둘러싸인 곳에는 두지터가 있다. 두지터는 식량을 비축해 담아두는 '뒤주'가 있었던 곳이라는 데서 불리게 된 지명이다. 이런 사연을 접하고 나면, 쓰러져가는 가야국의 마지막 왕으로 끝까지 백성의 호구戶口를 걱정하는 왕의 연민이 더욱 쓸쓸하게 전해진다. 구형왕은 싸움한 번 제대로 해보지도 못하고 신라에 항복을 했다. 그가 무능력한 왕이었는지 아니면 이미 가야의 국운이 다한 것인지는 모르겠으나 후대인들은 자신의 왕국을 신라에 그냥 넘겨준 왕이라고 그를 '양왕讓王'이라 부르기도 한다. '가얏고'라는 가야의 금琴을 만들어낼 정도로 세련된 문화를 향유했던 나라가 어찌해서 이 산골짜기까지 쫓겨 오게 됐는지 깊은 계곡은 말이 없다.

지금 두지터에는 네 가구에 여섯 명이 살고 있다. 그중 반 수 이상은 타지인이다. '타지인 1호'로 들어온 문상희 씨는 자타가 공인하는 차茶의 달인이다. 야생녹차는 물론 지리산에서 자생하는 약초와 산열매로 온갖 종류의 차를 만든다. 그 밖의 집들은 호두농사, 민박, 양봉, 약초 채취 등으로 생계를 꾸려가고 있다. 지리산 사람들에게 '허정虛精'이라는 이름으로 더 잘 알려져 있는 김성언 씨는 지리산에 미쳐 지리산을 헤집고 다니다가 이곳 두지터에 정착하게 되었단다. 그는 다 쓰러져가는 집을 손수 고쳐서 민박을 치며 산꾼들과 바람같이 허허로운 정을 나누며 살고 있다.

푸른 솔, 선각禪覺도량 벽송사

지리산 빼어난 계곡에는 어김없이 유서 깊은 사찰이 자리하고 있다. 칠선계곡도 예외는 아니어서 천년고찰의 벽송사가 추성마을 어귀 위쪽 산자락에 자리하고 있다. 대한불교 조계종 제12교구인 해인사의 말사인 벽송사는 경내에서 발굴된 유물로 보아 신라 말이나 고려 초에 창건된 것으로 추정된다. 1520년 조선 중종15년 벽송碧松 지엄智嚴, 1464~1534 대사가 중창한 뒤 현재의 명칭으로 바뀌었다. 서산과 사명대사를 비롯하여 조선 선불교의 대 종장들을 108명이나 배출하여 일명 '백팔조사 행화도량'이라는 별명을 지니고 있을 정도로 '한국 선불교의 근본 도량'의 유서 깊은 사찰이다. 사찰 뒤로는 사찰 이름에서부터 풍겨 나오듯 '푸른 소나무'碧松들이 벽처럼 둘러싸고 있다. 삼층석탑이 서 있는 사찰 상단부에는 도인송과 미인송이 서 있는데, 그 청청한 자태에서는 천년의 선기禪氣가 느껴질 정도다.

벽송사에 들어서면 법당인 보광전을 중심으로 좌우에 방장선원과 간월루가 있으며, 전면에는 산문山門과 종루, 후면에는 산신각이 서 있다. 경내에는 보물 제474호인 벽송사 3층 석탑과 민속자료 제2호인 벽송사 목장승이 있다. 사찰 입구에 세워져 잡귀의 출입을 막는 수문장 역할을 하는 벽송사 목장승은 그 풍부한 표정에서 민중미학의 본질을 유감없이 보여준다. 사찰장승은 한 · 중 · 일 동북아 불교문화권 중에서도 우리나라에서만 유일하게 볼 수 있는 매우 특이한 현상이다. 이는 한국불교의 특징으로 토착민속신앙인 무교와 불교가 자연스럽게 융화 습합된 단적인 상징이라 할 수 있다. 그중에서도 사찰 목장승은 우리나라에서도 남아 있는 것이 몇 개 되지 않는데, 벽송사 목장승은 전남 순천 선암사 앞에 있었던 나무장승과 쌍벽을 이룰 만큼 조각 솜씨가 뛰어나다는 평가를 받고 있다. 왼쪽 장승은 몸통 부분에 '금호장군禁護將軍', 오른쪽 장승은 '호법대신護法大新'이라는 이름이 음각돼 있다. 그중 하나는 화마로 머리 부위가 소실됐는데 더더욱 고달픈 민초들의 애환을 상징하는 것 같아, 보는 이들로 하여금 웃다가도 가슴을 쓸게 한다. 이 고장 마천 지역이 판소리 변강쇠전이 전해지는 곳이라, 한겨울 땔감이 없어 장승을 가져다 불을 땐 죄로 매를 맞고 쫓겨난 변강쇠와 옥녀의 사랑과 한이 화마로 손실된 이 목장승과 겹치면서 마치 전설이 눈앞에서 살아나는 듯하다. 툭 불거져 나온 눈이며 주먹코 깨진 머리가 영락없는 변강쇠 모습을 연상시킨다. 언제부턴가 이 장승에게 빌면 부부간에 애정이 돈독해진다는 전설이 더해져 더욱 친근감이 느껴지는 장승이다. 벽송사는 1950년대 전란 시에 인민군의 야전병원으로도 이용된 곳으로 국군에 의해 완전 소실되기도 했다. 이처럼 깨달음의 도량, 벽송사의 불심은 다름 아닌 민초들과 생사고락을 함께한 역사였으며 그 역사 속의 아픔이었을 것이다.

선녀마을의 내일

7개의 폭포수와 33개의 소沼와 담潭이 천왕봉에서 칠선폭포를 거쳐 용소까지 18km에 걸쳐 이어지고, 안으로 들어갈수록 골이 깊고 험해 지리산 내

'죽음의 골짜기'로 불릴 정도로 지리산 내에서도 원시지대로 이름난 곳이 이곳 칠선계곡이다. 그래서 지리산의 마지막 남은 원시비경秘景 중 하나라고 하여 비선담에서 천왕봉에 이르는 칠선계곡 탐방로가 지난 1999년부터 현재까지 2007년 자연휴식년제 구간에 포함돼 등반이 금지되고 있다.

그런데 이 구간의 자연휴식년이 올해 말(2007년 기준)로 끝나게 돼 있어 칠선계곡 개방 여부에 대한 논란이 지역주민과 국립공원관리공단 그리고 시민단체와 학계 사이에 뜨거운 논란이 계속되고 있다. 국립공원관리공단, 국내산림전문가, 추성마을 주민 등 20여 명이 탐방로 개방에 따른 생태계 파괴에 대한 문제로 이미 수차례 조사와 간담회를 진행했다. 이를 토대로 국립공원관리공단 측은 오는 12월께 칠선계곡 탐방로를 전면개방, 영구폐쇄 또는 자연휴식년제 연장 여부를 놓고 결정할 것으로 알려지고 있다.

벌써부터 전면 개방할 것을 요구하는 함양군과 추성리 주민들의 목소리가 날로 거세지고 있고, 학계와 환경시민단체들은 걱정의 눈빛을 보내고 있는 실정이다. 몇 년 전 지리산 여름계곡 피서지 일번지로 알려진 뱀사골계곡이 피서객에 의한 몸살로 영구 폐쇄된 후 서서히 원래 생태모습을 회복해가고 있는 중이다. 이는 관광객을 상대로 살아가고 있는 마을 주민들 입에서 나오는 얘기다. 계곡의 물이 맑아지는 것은 더없이 반가운 일이나 관광객이 줄어든 뱀사골계곡 주변 상가 주민들은 생계를 위해 하나둘씩 이곳을 떠나고 있다. 당연한 얘기겠지만 사람의 발길이 줄어들수록 계곡 물이 다시 맑아지고 주위 숲이 생기를 띠면서 생태계의 원래모습을 회복해간다. 사람이 떠나야 자연이 돌아온다는 것이다.

이런 현상은 현재 백무동계곡에서 역으로 확인된다. 지리산에서 유일하게 서울에서 고속버스가 등산로 입구까지 들어갈 수 있는 곳이 백무동계곡이다. 그만큼 대도시에서 지리산에 쉽게 접근할 수 있는 곳이다. 뱀사골계곡 상가촌이 쇠퇴해가면서 몇 년 전부터 백무동계곡은 빠르게 민박과 상가촌으로

변해가고 있다. 등산객과 관광객이 몰리는 곳에 민박 상가촌이 형성되는 것은 당연한 현상일 것이다. 하지만 문제는 다시 자연생태계다. 관광객이 몰리고 상인들이 늘어나면 계곡과 숲은 또다시 몸살을 앓을 것이다. 백무동계곡은 해가 다르게 대규모 음식점과 모텔들이 점점 깊이 산과 계곡 쪽으로 들어서고 있다.

칠선계곡 자연휴식년제 해제 결정을 앞두고 개발 현상은 추성마을에서도 예외가 아니다. 칠선계곡 초입부에는 기존 도로 맞은편 계곡 쪽으로 새로운 진입도로 공사가 진행 중에 있으며, 계곡을 잇는 다리 하나가 이미 세워졌다. 계곡 초입부는 이미 도로와 축대공사로 상처를 앓고 있는 실정이다. 아직 발표가 나지 않아서 백무동계곡처럼 본격적인 관광 상업지구촌으로 변하지는 않았지만 마을은 언제라도 개발준비태세를 하고 있는 것처럼 보인다.

개발과 보전이라는 낡은 문제가 아직까지도 이 지역 주민과 시민단체들 사이의 갈등으로 작용하고 있다는 게 현실이다. 문제는 개발이든 보전이든 자연생태계에 대한 성숙한 의식일 터인데, 이는 하루아침에 이루어지는 것이 아닐 것이다. 개발이 되면 자본과 규모가 큰 상가와 모텔들이 지역 개발에 이득을 선점 또는 독점할 것이 불을 보듯 빠하다. 이 과정에서 당연히 경쟁력

지리산에 길을 묻다

이 있는 사람들은 현 지역 주민이라기보다는 자본력을 갖춘 외지인 경우가 많다. 이는 이미 백무동에서 발견되는 현상이다. 그들은 당연히 마을에 대한 애정과 자연생태계에 대한 배려보다는 이득에 대한 관심이 많을 것이다. 두터운 인정은 있어도 두터운 상혼은 없는 까닭이다.

수없이 많은 소와 담의 명경지수가 일곱 선녀의 전설을 안고 흐르는 지리산 원시 비경의 계곡이 상혼으로 멍든다면 어떻게 될까? 그렇게 되면 선녀는 그만 사람을 피해 이곳을 떠나버릴지도 모를 일이다. 천왕봉의 마을이요, 선녀의 마을을 지키는 것은 결국 추성마을 사람들의 지리산 같은 어머니 마음일 것이다. 칠선계곡 탐방로가 개방되어 개발을 피할 수 없다면, 조화와 지혜가 절실히 필요할 것이다. 계곡물이 더러워지고 숲이 파괴되면 결국 사람도 떠나게 된다. 자연생태계는 특별한 것이 아니다. 사람과 자연이, 유기물이든 무기물이든 모든 생명체가 함께 살아가는 공간이다. 개발이 되더라도 인간에 의해 세워진 모든 것이 그렇듯이, 다시 무너질 때 땅과 물에 상처를 주지 않고 자연으로 돌아갈 수 있도록 세심한 배려로 진행이 되었으면 하는 바람이다. 전설만 남기고 자연 속으로 사라진 가락국처럼 말이다.

자연에 세 들어 사는 산촌마을, 세동

● **화전마을**

　세동마을은 벽송사에서 송대마을을 잇는 지리산 능선 숲길에서 1시간여 임도를 따라 줄곧 내려와 엄천강이 발 아래로 굽어보이는 완사면에 자리한 지리산 산촌마을이다. 7가구로 구성된 송대마을이 전형적인 분산형 화전마을이라면 세동마을은 69가구가 한곳에 모여 있는 집촌형 화전마을이다. 행정구역상으로는 휴천면에 속하나 지역 문화나 생활권으로는 인접해 있는 마천면에 속한다고 할 수 있다. 이유는 마천면의 다수 마을이 그렇듯이 세동마을도 지리산 중에 자리한 마을이어서 마을형태나 생활양식이 전체적으로 평지 성격의 농촌지역인 휴천면보다 산촌지역인 마천면의 타 마을들과 실생활 면에서는 더욱 가까운 동질성을 띠고 있는 마을이다.

　종이 뜨는 마을

　한때 세동마을은 조선종이인 닥종이의 본산지로 전국적으로 가장 유명한 곳 중 하나였다고 한다. 이 마을 주위의 산지에는 닥나무 밭이 여기저기 널려 있었고, 몇 십 년 전만 해도 거의 모든 집에서 닥나무를 익히고 벗겨 다시 껍질을 긁어 말리고 양잿물에 삶아 두들겨 닥풀을 넣어 발로 종이를 뜨는 작업이 연중 끊이지 않았다 한다. 세동마을을 비롯해 주위 산촌마을들이 전국에서도 유명한 조선종이의 본산지였다는데, 그 역사적인 유래가 있을 것이다. 여러 향토 사료들과 역사문헌 연구서들의 도움에 힘입어 추론해 보기로 한다.

마천 향토지에 따르면 이 일대 산촌들은 고려시대 절을 중심으로 형성된 사하촌寺下村이었다고 한다.* 사하촌이란 사찰 주변에서 세를 내고 절 소유의 토지를 부쳐 먹고살거나 사찰에서 요구하는 부역을 하며 살아가는 가난한 마을이다. 마천면의 옛 이름은 마천소馬川所와 의탄소義灘所였는데 소所란 고려시대의 특수행정집단으로 지방특산물을 중앙에 공납하기 위해 만들어진 행정구역이었다. 이를테면 종이를 만드는 지소紙所, 숯을 굽는 탄소炭所, 그릇을 만드는 자기소磁器所, 소금을 생산하는 염소鹽所 등이 대표적이다. 당시에 소에 속해 있던 사람들의 지위는 농노나 거의 예속민에 가까웠다. 마천소와 의탄소는 종이와 숯을 굽는 지소와 탄소였다.

닥종이는 천 년 동안 내려오는 우리 종이다. 특히 사찰에서는 고려 때부터 자체적으로 종이를 만들어왔고, 특히 사찰 특유의 제지기술이 전승되고 있어서 사찰에서 만든 종이에 대해서는 높은 평가를 받았다고 한다. 사찰에서는 불경을 인쇄하여 책을 만들어야 했기 때문에 목판인쇄술과 더불어 종이 사용도 많았다. 그런 이유로 사찰의 닥종이 제지기술은 매우 발달해 있었다.**

세동마을과 주변 마천마을들은 절을 중심으로 형성된 사하촌들로, 주로 사찰의 종이 부역을 위해 세워진 마을이었을 가능성이 높다. 특히 숭유억불 정책을 펼쳤던 조선시대 중기에는 사회의 혼란으로 인해 사회 경제적 토대가 붕괴되기 시작하자 사찰에 종이를 바치라는 강제 부역을 매기기 시작했다. 갈수록 부역의 강도가 심해져 대부분의 사찰에서는 모든 승려들이 일 년

•
등구사를 중심으로 형성된 등구, 촉동, 창원. 금대암 안국사를 중심으로 형성된 당흥, 금계, 창원. 벽송사와 그 일대 절을 중심으로 형성된 추성, 관점동 등. 『마천향토지』 p.31.

••
정동주, 『조선 오백년 불교탄압사 부처, 통곡하다』 이룸, 2003, p.18.

내내 종이 만드는 일에 매달려야만 할 정도였다고 한다. 강제로 부과된 종이 부역의 고됨을 견디지 못한 승려들이 머리를 기르고 세속으로 돌아가 버리거나 유랑민이 되는 일이 비일비재했단다.•

이런 이유로 사하촌으로 형성된 마천지역의 산촌 사람들은 일찍이 종이 부역을 하면서 사찰에 의지해 먹고살았을 것이다. 이는 이중환의 『택리지』에, "산주로 지리산 북쪽지역인 마천을 두고 한 말 속의 촌거村居는 승사僧寺와 섞이어 살았다"는 말에서도 잘 나타나 있다. 당연히 이 산촌마을 사람들은 사찰로부터 닥종이 제조비법을 자연스레 전수받았을 것이다. 조선 중기 이후로는 고된 종이 부역을 못 이겨 사찰을 떠난 승려들이 사찰을 떠나 더러는 지리산 주변 산촌마을 주민으로 정착해 살며 직접 닥종이 생산을 생업으로 의지하며 살아가기도 했을 것이다. 이런 오랜 닥종이 제지의 역사적 연유로 해서 마천 일대는 전국에서 닥나무 밭으로 유명한 닥종이 산지가 되었을 것이라는 추측이 가능해진다.

하지만 안타깝게도 양지洋紙가 발달되고 사람들의 생활양식이 바뀌면서 조선 종이가 설 자리를 잃게 되자 세동마을의 닥종이 제조업도 사라지게 되었다. 더불어 주위의 닥나무 밭도 칡넝쿨과 가시덤불로 뒤덮여 이젠 주위에서 닥나무도 찾아보기 힘들게 되었다. 필자가 마천 일대 마을을 돌아다니며 조사해본 결과로는 마천면의 창원마을에 한 집만이 오늘날까지 3대째 닥종이 뜨는 가업을 잇고 있었다. 이젠 닥종이 뜨는 풍경은 지리산 산촌마을에서 보기 힘든 사라져가는 풍경이다.

쇄집 마을

집촌형 화전마을인 세동마을에서 종이 뜨는 모습이 외부세계의 생활양식이 변해감에 따라 서서히 바뀌어 갈 수밖에 없었다지만 하루아침에 이 산촌

• 앞의 책, pp.12~19.

지리산에 길을 묻다

마을의 풍경을 강제로 바꿔놓은 사건이 있었다. 다름 아닌 이 마을의 지붕을
모두 불 질러버린 사건이다. 한국전쟁을 전후로 지리산 일대, 그중에서도 골
이 깊고 험하기로 유명한 칠선, 백무동 일대는 빨치산 활동무대의 본거지였
다. 칠선과 백무동계곡의 마천 산촌마을들은 이 시기에 빨치산 은거지로 사
용되고 있다는 의심으로 마을 주민을 산 아래 마을로 소개시키고 토벌군들은
마을 집들의 지붕에 모두 불을 질렀다고 한다. 휴전이 되고도 빨치산이 모두
소탕될 때까지 약 6년여 동안 세동마을은 유령마을로 남아 있었다. 토벌군이
지른 불에 없어진 지붕은 억새로 띠를 이어 지붕에 얹은 쇄집 지붕이었다.

마천면 일대 산촌들은 평지처럼 벼농사를 지을 수 없어 볏집 대신 주변 개울과 산지에 흔한 억새로 띠를 이어 지붕을 얹은 쇄집이 대부분이었다고 한다. 너른 평지 들판에 땅처럼 펑퍼짐하게 옹기종기 모여 있는 초가집 풍경과 산 기울기가 완만해져가는 능선에 억새같이 험한 삶의 조건에서도 꿋꿋이 살아가는 산촌 쇄집 풍경은 주변의 지형과 가장 자연스럽게 어우러지는 우리 농촌과 산촌의 아름다운 풍경이었을 것이다. 볏집과 쇄집의 풍경은 세계 어느 농가나 산촌마을의 전원풍경에 비겨도 손색없는 멋스럽고 푸근한 시골마을 풍경이었을 것이다. 이용한은 『옛집기행』이라는 책에서 주변 산세와 자연스레 닮은 우리 쇄집의 아름다움에 대해 이렇게 말하고 있다.

대부분의 쇄집이 벼농사를 짓지 않는 두메마을이나 비바람이 심한 산간지대에 자리한 탓에 산중 자연의 표정을 고스란히 닮아 있다. 산에서 나는 억새풀을 베다 덧덮은 지붕은 그 물매지붕의 경사가 산자락과도 잘 어울렸다. 우리네 옛집은 묘하게도 지붕의 물매가 그 고을의 산세를 닮은 것이 보통이었다. 앞 뒷산이 높고 험하면 물매도 싸고 가파르고, 산자락이 밋밋하면 물매도 떴다 밋밋했다. 그렇게 우리네 옛집은 주변의 산을 닮고 땅을 닮음으로써 자연을 거스르지 않았던 것이다. 특히 초가와 쇄집이 그러했다.

세상에서 이곳, 조선 농촌과 산촌에만 있었던 아름다운 초가와 쇄집을 1970년대 국가주도의 이른바 '새마을운동'과 '취락구조개선사업'으로 무참히 폐기처분해 버렸다. 비극적인 분단민족의 역사에서 사라져야만 했던 샛지붕이 지금은 1970년대 새마을운동의 일환으로 시작된 농촌지붕개량사업으로 모두 네모 세모 각지고 색 바랜 슬레이트 지붕으로 덮여 있다.

농산촌 마을의 근현대식 개량으로 바뀐 것이 지붕만은 아니다. 마을의 공동체의식 또한 근대식으로 바뀌어 갔다. 다시 말해 함께할 수 있는 일이 점점 사라져간 것이다. 볏 지붕은 1, 2년마다 갈아 씌워야 하고 샛 지붕은 20년에 한 번 갈아주어야 했다. 볏으로든 또는 억새로든 지붕 이는 일은 모두 혼

지리산에 길을 묻다

자 할 수 없는 마을의 공동행사로 두레 성격을 띠는 마을의 큰 연례행사였다. 둥글둥글한 지붕들이 각진 근대식 슬레이트 지붕들로 갈아 치우면서 공동체적인 두레의식도 근대적인 개인주의적인 의식으로 갈아 치워졌다. 농산촌의 근대식 가옥의 변화는 시골전원 풍경의 변화와 더불어 필연적으로 공동체의식의 변화도 함께 수반하는 것이었다. 프랑스 문예 사상가 바슐라르는 "집은 사람의 영혼이 거하는 곳"이라 했다. 집의 형태가 변하면 그 안에 깃들어 사는 사람의 영혼도 변하는 법이리라. 눈감으면 눈물겹게 지리산 산촌 쇄집 마을 세동이 그려질 듯. 마루턱에 걸터앉아 한낮 더위를 피하고 있는 허리 구부정한 할머니 말씀하시길 "아! 이 마을이 나 어렸을 때만 해도 모두 쇄집이었다구…… 쇄집!"

골목 풍경

산비탈에 자리한 세동마을은 멀리서 보면 한눈에 들어올 만큼 60여 가호의 작은 마을이다. 하지만 일단 마을로 들어서면 마을의 규모를 알 수 없을 정도로 시야는 양옆으로 둘러친 집과 담이 낸 작은 골목길에 갇히고 만다. 집들이 마을 큰 길에서 작은 골목길들 안으로 숨어 있기 때문이다. 도시 아파트에서는 서너 동에 사는 그 많은 세대가 한 시야에 들어온다. 이는 골목이 없기 때문이다. 우리 전통마을은 큰 길가에 어느 정도 떨어져 형성되어 있다. 우리 선조들은 길은 사람과 물건이 드나드는 통로이기도 했지만 기氣가 왕래하는 곳이라고도 여겼다. 그래서 큰길로부터 마을로 들어오는 길은 직선이 아닌 곡선으로 구불구불 돌아 들어오게 길을 냈다. 이는 우리 전통 풍수에 따르면 외부로부터 곧바로 들어오는 기는 화살과 같은 급살急煞 기운이 있어, 큰길에서 마을로 들어오는 구불구불한 길을 내 외부로부터 들어오는 이런 직접적 기운인 풍파風波를 여과시키도록 했다. 마을 안에서도 마을 중앙을 가

로지르는 큰 길가에서 집들은 다시 작은 골목길들 안으로 들어가 자리했다. 마을 밖에서부터 마을 안으로 들어가는 과정과 마을 안에서 집으로 들어가는 과정에 이중, 삼중의 완충지대를 둔 것이다. 그것이 우리의 전통 마을길이고 골목이었다.

우리 전통 촌락의 길과 그 안에 자리한 집들의 동선과 선형은 서구의 사방 직선으로 뻗은 방사형이 아니라 곡선이요, 곡선 중에서도 특별히 정해진 형태가 없는 구불구불한 곡선이다. 지체 높은 조선 양반이 중심이 된 반촌班村은 길과 집의 위치에 어떤 질서가 되는 법칙이 있다지만 민가 중에서도 특히 산촌에서의 길과 집의 동선에 어떤 기준이 있다면 길이 나고 집이 들어선 주

지리산에 길을 묻다

위 자연의 지형과 환경일 것이다. 세동마을은 산촌의 마을길과 골목길 그리고 집이 들어선 모양과 위치가 자연스럽게 주위 자연과 지형에 조화롭고 순順한 모습으로 아름답게 남아 있다.

우선 마을 큰길은 마을이 산의 완사면에 자리한 결과로, 산길에서 계곡 아래로 자연스럽게 나 있다. 벽송사 능선길에서 송대마을을 거쳐 굽이굽이 나 있는 산길이 마을을 거쳐 계곡 아래로 떨어지는 것이다. 그러니까 세동의 마을 큰길은 산길의 연장인 셈이며 오랜 기간 산을 삶의 터전으로 살아오던 산촌화전마을의 삶의 길인 셈이다. 휘어진 산굽이만큼이나 휘돌아 나 있는 마을길은 굽이굽이 한 세월을 힘들게 넘긴 산촌마을 사람들의 삶의 내력처럼 보인다.

불과 200여 m 남짓의 마을길은 지나가는 발길들에는 매우 짧은 거리지만 잠시라도 머물고 싶어 서성거리는 발길에는 길은 다시 잘게 갈라지고 나뉜다. 마을 큰길은 작은 골목길로 잘게 나뉘어 있다. 골목길의 형태와 높이도 제각각이다. 담벼락으로 울타리 쳐진 골목, 집이 담으로 된 골목, 경사진 높이로 아래위로 구분된 골목, 집 한 채로 가는 골목, 집 두 채로 가는 골목들. 이 작은 골목들로 인해 대도시의 아파트 한 동 가구 수보다도 더 적은 가구의 산촌마을이 도시 아파트촌보다 한눈에 들어오지 않을 정도로 훨씬 깊고 크다. 산촌마을 골목길 속의 집들은 모두 숨어서 드러내기 때문이다. 집마다 골목 한 어귀를 갖고 있는 이 집들은 마치 세월의 한 모퉁이를 붙들고 들어앉아 있는 듯하다. 세월이 몇 구비나 흘러 이 깊은 산촌마을의 외양을 벗겨내고 씻겨내었어도 끝내 바꾸지 못한 것이 있다면 바로 마을 안의 구불구불하게 난 골목길이 아닌가 싶다. 비록 흙길이 시멘트 포장길로 바뀌었지만 마을 근대화도 마을길의 모양과 동선의 굽음을 바로 펴지는 못했다. 세동마을이 강변을 따라 나 있는 지방도로에서 산 쪽으로 깊숙이 떨어져 자리한 탓에 개발의 속도가 도로가에 면한 이웃 마을보다 훨씬 더딘 탓이었을 것이다. 그런 이유로 세동마을은 그 어느 지리산 산촌마을 중에서도 가장 예스러운 산촌풍경을 간직하고 있다.

돌담과 우물

우리 전통 민가의 아름다움은 초가와 어우러진 돌담이라는 데 이의를 달 사람은 아마 없을 것이다. 들판의 농촌이나 산중의 산촌 어디든 집 울타리 겸 골목을 내는 데 대표적인 담의 양식이 돌담이다. 산이 국토의 70%나 차지하고 있는 관계로 계곡과 하천이 잘 발달돼 있고 마을은 주로 뒤로는 산을 등지고 앞으로는 강이나 개천이 흐르는 배산임수지형에 자리를 잡았다. 그래서 마을이 자리한 곳은 어디나 돌을 쉽게 구할 수 있어서 우리 전통 민가들의 집 담이나 골목 담은 주로 돌담형식이 주조를 이루고 있다.

그런데 산촌마을인 세동의 돌담은 다른 평지 민가들의 돌담과는 달리 쌓은 돌의 모양이 조금 다르다. 돌을 쌓는 형식이야 다를 바 없겠으나 쌓은 돌의 모양이 조금 다르다. 이곳 세동마을의 집 담으로 쌓은 돌들 중에는 돌이라고 하기보다 바위라고 불러야 적당한 큰 돌들이 돌담에 한두 개씩 섞여 있다. 모양새로 보면 돌을 주위에서 날라다 담을 쌓았다기보다 원래 박혀 있는 바윗돌 주위에 집터를 잡고 바위를 기준 삼아 돌담을 쌓은 것 같다. 어떤 집은 아예 평평한 너럭바위 위에 집터를 잡아 집을 얹은 곳도 있었다. 이는 마치 이 산의 완사면에 수억 겁의 세월 동안 주인으로 박혀 있던 돌과 바위에 사람이 세 들어 사는 형국 같다. 그만큼 세동마을은 자연의 지형에 조화롭게 집을 짓고 주변 환경에 순應하며 수백 년을 살아온 지리산 산촌마을이다.

바위 돌담처럼 자연의 모습을 그대로 집으로 옮겨온 풍경 중 또 다른 풍경은 우물이다. 보통 평지 마을의 우물은 샘을 찾아 땅을 파서 만드는 것이지만 산촌마을인 세동의 우물은 큰 바위 밑에서 솟아나는 우물이다. 정확히 표현하자면 우물이라기보다는 샘에 가깝다고 하겠다. 평지 마을의 우물이 마을의 공동우물이라면 세동의 우물은 그 우물이 있는 집이나 이웃한 집만 사용하는 샘이다. 일부러 판 것이 아니고 산의 바위 밑에서 샘솟는 샘물이다. 그러니까 이 샘물이 솟는 바위 주위 터에 집을 지은 것이다. 이렇게 자연의 지형과 환경에 사람이 깃들여 사는 마을이 세동이다. 사시사철 계절의 변화와 더불어 옷을 갈아입고 자연의 생명들과 오랜 세월을 더불어 살아온 마을이 아름다운 지리산 산촌마을 세동이다.

하지만 무상한 세월과 더불어 사라진, 사라져가는 산촌마을 풍경은 마냥 감상으로만 붙들고 볼 수 없는 노릇이다. 그 아름다운 바위 밑 샘도 수도에 밀려 쓰지 않아 물이 흐리고 말라간다. 샘은 퍼내지 않으면 마르는 법이다. 아름다운 것은 쓰고 지켜서 간직하지 않으면 추하고 무용한 것으로 낙인찍히고 말 것이다. 혼자 보는 아름다움이 무슨 소용이 있을까마는 아름답다의 어원이 '알다'에서 나왔다는 말도 있으니 '지리산 길'을 걷는 도보자들에게 이 작은 산촌마을의 아름다움을 알리고 알리면 세동마을의 바위 샘물은 마르지 않을 것이다. 예전의 맑은 물을 다시 솟아 올릴 것이다. 샘물이 맑아지는 날 마을 사람 누군가 슬레이트 지붕을 걷어내고 다시 쇄집을 올릴 것이다. 그렇게 되면 어찌 혼자만, 한 집만 풍요롭겠는가. 여럿이 함께 두레 정신이 집집 굴뚝마다 연기처럼 피어오르지 않겠는가?

삶의 그늘, 호두나무와 43년
김성수 할아버지

함양군 휴천면 송전리 송대마을에서 송전리 세동마을로 가는 임도를 따라가다 보면 길목 중간 지점에 새마을운동 당시 지었을 법한 오래된 시멘트 구옥이 하나 있다. 그 오래된 시멘트 구옥의 주인은 올해 79세(2007년 당시)의 노인인 김성수 할아버지이다. 그의 삶의 그늘이라도 이야기하듯이 그의 집 앞에는 어린 유년시절의 기억과 젊의 날의 기억이 담긴 오래된 호두나무가 한 그루 있다. 이 호두나무가 43년이 되었다고 하니 이곳에서 터를 이루고 사는 44년 동안 그를 키워준 나무이다. 집 뒤편으로 대나무들이 많다. 오래전부터 대나무가 많았냐고 묻자 대나무는 마을이 쇠락하면서 들어선 거라고 한다.

"옛날에는 밭이었지. 산 밑으로도 하나 있었지. 박정희 대통령 정권 시절에 빨치산 토벌 후 살 만하다고 해서 이곳에 들어왔지. 이 집은 당시 1969년에 지은 집이야. 지금은 우리 집 하나밖에 없지만 당시에는 18가구가 있었어. 18개를 지어 가지고 그 안에 방을 4개 지어서 두 가구씩 살았지. 한 가족에 5명 정도씩 살았지 아마. 여기 지금 우리가 살고 있는 집은 당시 세동이 있었지, 이제 다 떨어지고 없지만. 지금이 대나무가 있는 자리는 담배농사를 짓던 곳이야. 이곳은 100년 전부터 사람들이 살았다고 하네. 당시 여기에 살았던 윗대 묘가 있어서 올라오는 사람들이 있거든 물어보면 한 100년이 넘었다고 하네. 그러니까 100년 전에도 살았다 이 말이지. 담배 농사는 한 15년 정도 했지. 1980년대까지 했으니까. 1970년대부터 1975년까지 가장 많이 했지. 당시 7가구 정도가 살았는데…… 근데 사람들이 다 나가버리고, 이제 나 혼자지. 당시 옛날에는 담배농사를 지어도 젊을 때니깐 그땐 농사지어서 마천까지 지고 갔지. 담배농사 몸뚱이로 하는 건데. 담배농사가 제일하기 쉽지. 그냥 봄에 풀 막 베 놨다가 요즘엔 불 놓으면 뭐라고 하는데, 그때는 불 놔도 아무도 뭐라고 안 했지. 화전을 일구어서 담배농사를 지은 거지. 우리 아이들은 육남매인데 다 창원으로 나가버리고…… 지금은 감나무와 벌을 키우면서 살고 있지. 벌통이 40통 되었는데 다 죽고 지금 26통이 전부야. 그리고 이 호두나무는 한 가마니는 나오지. 지금까지 오랜 세월 나를 지켜준 나무지.”

아물지 않은 상처를 보듬고 누운
부처마을 송대

● **화전마을**

벽송사에서 함양 독바위 쪽으로 난 산길은 고도차도 거의 없는 오붓한 능선 길이다. 이 산길 중간지점에서 왼쪽 급경사 골로 내려오면 만나는 삼거리 지점에 함양군에서 세운 빨치산 공비토벌 안내소가 있다. 10여 m 아래쪽으로 굴뚝이 인상적인 흙집 한 채가 서 있다. 이 집을 중심으로 예닐곱 채가 산길을 따라 형성된 마을이 송대마을이다. 강원도 깊은 산속에서나 볼 수 있는

지리산에 길을 묻다

전형적인 화전마을이다. 경사가 심한 비탈에 불을 놓아 일군 밭들이 듬성듬성 보인다. 예전엔 십여 채가 살았다 하나 지금은 반 수 이상이 떠나고 일곱 가구에 모두 열한 명이 살고 있다. 사람 떠난 자리에 화전으로 일군 비탈 밭들이 묵어 있다.

어떻게 이렇게 깊은 산골짜기까지 들어왔을까? 한국전쟁 이전부터 이곳에서 살았다는 65세 박창재 씨는 난리만 피하고 내려가자고 아버지 손잡고 이 산중에 들어왔다가 아직도 내려가지 못하고 있다고 옛날을 회상한다. 오뉴월 햇빛에 까맣게 익은 오디가 바위에 떨어져 바위가 울긋불긋하다. 바위 밑으로 허리를 굽혀 계곡물 맛을 보니 물이 다디달다. 온몸을 칭칭 감으며 어름 덩굴이 나무둥치를 싱그럽게 기어 올라가고 있었다. 가을이면 단 즙에 아삭아삭 씹히는 맛이 그만인 어름열매가 열릴 것이다. 사방 어디를 둘러보나 여러 종류의 참나무들이 울창한 수림을 이루고 있다. 참숯과 도토리묵은 장에다 팔아 소득을 얻을 수 있었을 것이다. 굴참나무도 여기저기 보인다. '굴피 20년'이란 말처럼 예전에는 굴참나무의 수피를 벗겨 지붕을 얹었을 것이다. 코르크 같은 굴피는 보온도 잘되고 통기성이 뛰어나 이 깊은 산속에서 추운 겨울을 나기에는 더할 나위 없이 훌륭한 지붕재료였을 것이다. 무엇보다 산속 화전민의 굴피집은 생각하기만 해도 얼마나 아름다운가. 이중환은『택리지』에 "지리산엔 물산이 풍부해 일 년 수고하지 않아도 풍족하게 살 수 있다"고 했다. 큰 욕심만 내지 않는다면 이 산중에서도 자연 생명들과 서로 생명을 주고받으며 살 수 있겠다 싶었다.

생명골마을

송대마을은 지리산 산촌마을 중에서도 가장 깊숙이 자리한 마을이다. 이렇게 깊은 골짜기까지 사람이 발을 들여놓고 살아갈 수 있도록 한 것은 무엇보다 지리산의 어머니 같은 너른 품일 것이다. 지리산은 어떤 이유로든 이 깊은 산속까지 들어온 사람들을 생명으로 품었다. 신라에 쫓겨 들어온 가락국의 마지막 유민들, 일제의 만행과 수탈을 피해 들어온 조선의 유민들, 조선의 억불정책으로 온갖 모욕과 노역을 피해 절을 뛰쳐나온 중들, 지방 탐관오리들의 학정을 피해 들어온 민초들, 관군과 민보군을 피해 들어온 동학도들 등등 생명이 있는 것이면 무엇이든 지리산은 어머니 같은 그 넉넉한 품으로 품었다.

그중에서도 근대사에 가장 큰 민족의 비극이라 할 수 있는 한국전쟁의 상처를 가슴 아프게 품은 곳이 바로 지리산이다. 1950년 전쟁이 발발하고 1963년 마지막 빨치산이 사살되던 때까지 지리산 일대에서는 약 1만 7,000여 회의 교전이 있었고, 2만 명 가까운 사상자가 발생했다고 한다. 지리산 빨치산들의 은거지와 주 활동무대는 백무동과 피아골 그리고 칠선골로 알려져 있다. 그중에서도 송대골 일대에는 빨치산 비트(비밀아지트)가 있었던 곳으로 유명하다. 송대마을 뒤 부처봉 중턱에는 굴 안에 또 굴이 있는 이중 굴의 선녀굴이 있다. 이 선녀굴은 정순덕, 이은조, 이홍희 등 지리산 최후의 빨치산 3인부대가 은신한 곳으로 유명하다. 지금도 굴 입구에는 당시의 상황을 재현하듯 마네킹 조형물이 설치되어 있다. 이곳 외에도 마을 주변 산속에는 여러 개의 빨치산 비트가 있다. 왜 이렇게 깊은 산골까지 들어왔을까, 그들이 우익인가 좌익인가에 대해서는 지리산은 묻지 않는다. 생명을 부지하기 위해 들어온 사람이면 누구라 할 것 없이 지리산은 마지막까지 깊게 품었다. 지리산 송대골은 비록 피로 얼룩진 상처를 지니고 있지만 상처가 깊은 만큼 생명을 깊게 품었던 '생명골'이다.

© 세계일보 조사국 이태술

아물지 않은 상처를 보듬고 누운 부처마을

예전에 휴천면 고정마을에 신라시대에 창건한 견불사見佛寺란 절이 있었다. 이 마을에서 마을 뒤 능선상에 마치 부처가 누워 있는 형상이 보인다고 해서 견불사라 이름 지었다. 지금은 절은 없어졌지만 이 마을은 아직도 견불마을이라 불린다. 부처님 얼굴 같은 이 봉우리의 원래 이름은 향로봉香爐峯, 미타봉彌陀峯이라 불렀지만, 지금은 지도상 표기로는 상내봉이라 하고, 마을 사람들은 부처바위라고 부르고 있다. 영락없는 부처님이 누워 계시는 형상을 한 부처바위는 견불마을보다는 송대마을에서 보아야 훨씬 뚜렷하게 제모습을 나타낸다. 송대마을에서 방향과 거리가 달라질수록 부처님의 모습은 사라지거나 제 모습을 바꾼다.

고정마을의 견불사는 사라졌으나 10여 년 전 송대마을 아래 산에 누워 계시는 부처님의 모습이 가장 잘 보이는 곳에 다시 견불사라는 이름으로 절이 세워졌다. 이 절에서는 이 산골에서 이념의 갈등으로 죽어간 영혼들을 위로

하기 위해 해마다 위령제를 지내고 있다. 지리산 밑의 큰 도로가에는 여러 위령탑들이 세워져 있다. 마천면으로 진입하는 국도변에는 위령탑이 서 있고, 산청군 금서면 방곡리에는 토벌군에 의해 집단 사살된 산청과 함양 양민들의 영령들을 위로하는 위령탑이 서 있다. 그러나 이곳 송대마을의 견불사에서는 양쪽 모두를 위로하는 위령제를 지낸다. 죽은 영령들에게 이념이 무슨 소용이 있겠는가? 산 위에 누워 계시는 부처님에게는 무엇을 위해 싸웠는가를 가리는 일은 부질없다. 이곳 몇 안 되는 송대마을 사람들에게 그런 물음은 묻지도 물음에 답하지도 않는다. 다만 아물지 않은 상처를 보듬고 누운 부처님처럼 세월에 흘려보내며 용서하며 살아가는 것 같다.

세진대와 마적도사

이 송대마을에서 엄천강 쪽 세동마을로 내려오는 임도길은 계곡 숲길에서 벗어나 툭 트인 전망을 자랑한다. 눈앞으로 거칠 것 없는 조망에 왼쪽 편으로는 칠선골, 백무동, 뱀사골계곡들과 봉우리들, 앞쪽으로는 백운산, 금대산, 삼봉산들의 봉우리들, 아래쪽으로는 용유담과 엄천강 줄기가 높이에 따라 실뱀처럼 또는 구렁이처럼 휘돌아 흐르는 장관이 펼쳐진다. 이 모든 장관이 눈과 수평을 이루어 마치 하늘이 반, 산이 반인 것만 같다. 걷고 있노라면 이내 가슴이 확 열리는 길이다.

하늘로 닿아 있을 것 같은 이 길을 따라 30여 분 내려가면 신기한 지리산의 보물 하나가 나타난다. 바로 용유담의 전설 속에 등장하는 마적도사의 혼이 깃든 마적도사 바위이다. 우람한 바위 위에 수령 약 500년쯤 되어 보이는 지방 보호수인 소나무 한 그루가 자라고 있다. 주변 시야가 발아래 시원하게 펼쳐진 이곳은 마적도사가 장기를 두었다는 전설이 내려오는 세진대洗塵臺다. 함양군지에 따르면 예전엔 그 주변에 신라시대 마적도사가 창건한 마적사馬跡寺란 사찰이 있었다고 한다. 지금은 세진대에서 얼마 떨어지지 않은 단군 민족성지 제단이 있는 곳에 마적사로 추정되는 터만 남아서 용유담과 더불어 마적도사의 기이한 행적을 전설로만 전하고 있다. 가던 걸음을 잠시 멈추고 세진대에 앉아 500년 노거수老巨樹에 부는 푸른 솔바람에 땀이라도 씻으면 이내 마음속의 티끌만 한 먼지도 씻겨나가는 듯하다. 견성見性과 호연浩然한 마음을 얻고 싶은 사람들은 지리산 송대마을에서 자연와불을 뵙고 임도따라 열리는 하늘 길을 걸어볼 일이다.

지리산의 마지막 숨결, 쇄집

송대마을과 세동마을로 이어지는 길에 만나는 양철지붕 그리고 집과 집 사이의 공간이 가지고 있는 화전의 모습을 곳곳에서 찾아볼 수 있다. 아직도 집 한쪽에 마련된 재를 이용한 화장실이 있는 것을 보면 분명 쇄집 흔적이 녹아 있는 곳이다.

쇄집은 유일하게 찾아볼 수 있는 곳이 남원시 산내면 내령리 팔랑마을에 있는 집이다. 할머니는 잊히는 쇄집을 간직하고 싶어 지인들의 힘을 빌려 지었다고 한다. 할머니는 산내초등학교 32회 졸업생으로 오랜 세월 지리산이 키워준 할머니이다.

쇄집 지붕은 보름달 모양의 경사가 급한 형태로 겨울에 내리는 눈을 고려하여 경사를 급하게 만들었다. 지리산에는 12월부터 내년 4월까지 많은 눈이 내리는데 눈에 오래 견딜 수 있는 경사도와 두께를 고려하여 지붕을 만들었다.

쇄는 갈대과에 속하는 일년생 목초이며 산간지방의 산림이 우거지지 않는 건조한 지역에 자란다. 가을에는 갈대꽃을 피우고 줄기는 단단하고 피막이 되어 있어 물이 쉽게 스며들지 못하는 특징을 지니고 있다. 이 지역에서

쇄집이 주로 집을 지을 때 사용한 것은 자연환경에 의한 것이다. 겨울철에 눈이 많이 내릴 뿐 아니라 또한 쉽게 녹지 않아 지붕의 구조가 눈의 무게에 견디어야 하며, 물기에 오래도록 잘 견딜 수 있어야 하는데 볏집보다는 쇄의 기능이 탁월하여 사용했다고 한다. 뿐만 아니라 고랭지에서 자란 볏짚은 키가 작아서 서로 연결될 수 없어서 이 지역에서의 지붕재료로는 볏짚이 적합하지 않다.

집을 지을 때 사용되는 쇄의 양은 어른 지게 짐으로 40여 짐 이상, 재료준비에는 일주일 정도 소요되며, 지붕을 만드는 데 5일 정도 소요된다고 한다.

지리산에 길을 묻다

짧지만 깊은 여정,
지리산 한 바퀴

하안거 동안거를 빗장 치는
고갯마루, 오도재

―

　88고속도로 함양나들목으로 나와 함양 시내를 지나 남원 인월로 가는 길목에서 함양의 마천면과 휴천면을 연결하는 오도재가 있다. 오도재는 예부터 함양으로 이르는 고갯마루였다. 이 고갯마루를 넘다 보면 지리산 제1관문을 만난다. 함양에서 시작되는 지리산의 시작점이라는 뜻이다. 함양시내에서 오도재를 가는 길에 지안재를 지나 오도재를 넘는다.

　오도재는 이 지역 사람들이 한양으로 가는 길목이었다. 뿐만 아니라 벽소령과 장터목을 거쳐 온 아래 지방의 해산물을 유통시키던 육상교역로였다. 고종25년 1888년에는 오도재 아래 조동마을에 제한역制扞驛을 설치하여 사람과 말 그리고 오가는 물품을 관리했다는 것을 보면 이곳의 교역량이 상당했음을 알 수 있다. 사람과 말이 오갔으니 그들이 쉬어 갈 객주가 없을 리가 없다. 고갯마루에 쉬어 갈 쉼터인 객주의 아련한 기억이라도 하듯이 지금도 허름한 주막이 한 채 길 한쪽에 걸쳐 있다. 남명 조식 선생의 제자이며 영남학파의 종조인 김종직 선생을 비롯하여 수많은 시인과 묵객들이 이 오도재를 넘나들었다 한다. 오도재는 이 고갯길을 넘으면 스스로 깨달음을 얻는다 하여 붙은 이름이다. 그도 그럴 것이 지금도 자동차도 겨우 오를 정도인데 두 발에 의지하여 오르는 길이 얼마나 힘들었을까 한다. 여름에는 땡볕에 데워진 지열이 코끝에 전해지면서 그 열이 더해졌을 것이며 겨울에는 살을 에는 듯한 칼바람에 옷깃을 움켜잡고 헐떡이는 입김에 그 추위는 더해졌을 것이라는 생각이 든다. 어찌 보면 오도재를 넘어 만날 수 있는 지리산 자락에 자리한 암자의 하안거 동안거를 위해 그렇게 빗장을 잠그고 있었을지도 모른다.

꾸불꾸불 옛길고개
사람들과 생명들은
여길지나
깨달음을 얻었나

오도재

지리산 주능선을
탐하다

—

산을 타고 올라가는 기분도 좋지만 멀리서 바라보는 것 또한 나름 괜찮다. 이렇듯 지리산의 주능선을 볼 수 있는 곳이 오도재 휴게소이다. 오도재 휴게소에서 보면 중앙의 큰 봉우리가 보인다. 천왕봉이다. 그 왼쪽에 어깨를 나란히 하고 있는 봉우리가 중봉이다. 주능선의 오른쪽으로 가다 보면 노고단으로 향한다. 천왕봉에서 처음 만나는 봉우리가 제석봉이다. 제석봉은 지리산에 부는 바람에 순응한 채 뿌리를 박고 한쪽으로만 가지를 뻗은 고사목이 있는 곳으로 유명하다. 그리고 제석봉 오른쪽 아래 장터목이 보인다. 제석봉은 3대가 덕을 쌓아야 볼 수 있다는 일출광경이 장관이다. 일몰이나 일출 구름 운해와 고사목이 어우러져 지리산의 비경을 자아내는 곳이 제석봉이다.

오도재 휴게소에서 보이는 지리산의 주능선 가운데 가장 으뜸은 뭐니뭐니 해도 지리산의 천왕봉이다. 천왕봉에는 우리나라의 창세신화라고 할 수 있는 지리산 마고麻始 할미 신화가 있다. "지리산의 산신인 마고는 사랑하는 반야를 기다리면서 나무껍질에서 실을 뽑아 베를 짰다. 그리고 그 베로 옷을 만들어 천왕봉에서 기다렸다. 구름에 휩싸인 반야는 마고의 앞을 스쳐 쇠별 꽃밭으로 갔다. 쫓아가 잡으려고 했으나 잡지 못해 화가 난 마고는 만들어 둔 옷을 갈가리 찢어 버렸다. 그것들은 여기저기 나뭇가지에 걸려 나부꼈다. 그래도 화가 풀리지 않은 마고는 반야를 현혹시킨 쇠별꽃을 지리산에서 피지 못하게 하고 천왕봉 꼭대기에서 성모신으로 좌정하였다"고 한다. 그 후 마고가 찢어서 버린 옷의 실오라기들은 풍란이 되어 지리산에 머물게 되었다고 한다.

자연이 만든 오케스트라,
지리산 벌

—

지리산 자락 곳곳에 자리한 마을길을 걷다 보면 도시에서는 전혀 들을 수 없는 소리가 들린다. 도시에서는 한두 마리의 벌이 날아다니는 소리를 들었을지 모르지만 몇 마리인지 알 수 없는 벌들이 집단으로 내는 소리는 귀에 익숙한 소리가 아니다.

등구재를 넘어 가던 때이다. 등구재를 넘어 마을에 들어섰을 무렵 마을 분이 저에게 지금 들리는 소리가 무슨 소리인지 아십니까 하고 물었다.

"우웅～～～～～～～～～"

글로 표현할 수 없는 현실이 안타까울 정도로 소리가 웅장하다. 그리고 아름답다. 전혀 알 수가 없다. 처음 듣는 낯선 소리다. "잘 들어보세요"라고 다시 묻는다. 그래도 익숙하지 않은 소리다. 결국 그 수수께끼는 풀지를 못했다. 벌들이 벌치는 소리. 동토의 땅이 녹아들고 그 틈 사이로 올리브 색깔이 산을 덮을 무렵 저마다 색깔을 지닌 생명들을 자기만의 싹수를 내며 봄을 노래한다. 나무는 봄꽃으로 세상에 자기를 알리고, 나물들은 새싹으로 세상에 알린다. 그 틈에 꽃잎과 꽃잎을 이어주는 벌들의 노래는 웅장할 정도로 아름답고 경이롭다. 비록 양봉이기는 하지만 지리산이 키워낸 물과 바람 그리고 땅의 힘으로 새싹이 트고 꽃을 피우면 그 틈 사이로 벌들이 춤을 추고 노래하며 꿀을 만든다. 그렇게 만들어진 꿀이 지리산 꿀이다.

하늘이 주는 곡식,
다랑논

—

　산골짜기 비탈진 곳에 층층이 좁고 길게 늘어선 논이 다랑논이다. 이 다랑논은 지리산에서 으뜸가는 풍경 중 하나다. 다랑논의 묘미는 한국의 선을 유지하고 있다는 점이다. 굽으면 굽은 대로 선을 만들고 그 위에 물을 대고 벼를 심는다. 굽은 논두렁은 모나지 않은 농심의 마음 같아 더 아름다운 것 같다.

품을 수 없는
금대암 전나무

—

　다랑논 맞은편 산자락을 따라 오르다 보면 금대암이라는 암자가 있다. 그 암자에는 500년 된 전나무가 한 그루 서 있다. 이 전나무가 위치한 곳은 지리산을 목전에 두고 백두대간의 끝자락에 위치한 금대암 입구에 있는 전나무이다. 이 전나무는 경상남도기념물 제212호로 지정된 보호문화재이기도 하다. 이 나무의 수령은 약 500년으로 추정하고 있다. 어른들 품으로 한 아름도 넘는 품이다. 품을 수 없는 품이다. 금대암의 전나무는 품으려는 욕심보다는 자신이 품을 수 있는 정도를 가르치려 곳곳에 서 있는 듯하다.

묵직한 뒤태를 숨긴
적송들

—

소나무는 한국인의 정서를 담은 나무이다. 그래서 모진 고난에도 품위를 잃지 않고 당당함을 보여주는 것이 소나무 적송이다. 창원마을에서 유일하게 한지를 만드시는 어르신 댁의 뒷산에 적송이 묵직한 뒤태를 숨긴 채 자신의 위용을 뽐어내고 있다. 소나무와 소나무 그리고 솔잎과 솔잎 사이로 보이는 하늘은 아름다움의 끝이라고밖에 할 말이 없다. 쭉쭉 곧은 절개에 부드러운 속내는 구불구불 소나무가 되었다. 이 구불구불한 소나무가 이 산을 지키고 있다.

묻힐 위기에 놓인
자연의 미학, 용유담

—

용유담은 지리산 임천의 하류에 위치해 있다. 겹겹이 쌓인 평평한 바위와 그 사이로 뿜어내는 물의 위계가 대단하다. 양 옆으로 펼쳐진 바위 사이로 항아리처럼 깊게 패여 물 색깔이 유난히 푸르다. 그 푸른 색깔만 보고도 용유담의 위용을 알 수 있다. 용유담에 흐르는 물줄기는 소리가 우레와 같이 우렁차다. 옛 문헌에도 그렇게 기록되어 있다. 지금은 콘크리트 다리가 있는데 예전에는 다리 없이 용유담을 건넌다는 것은 그리 쉬운 일이 아니었을 것이다. 용유담에 흐르는 물줄기는 소용돌이치며 세차게 흘러 담력 없이는 건너기 어려운 곳이다. 그래서 용유담은 마치 용이 고개를 숙이고 꼬리를 쳐들고 있는 것처럼 생겼다 하여 생긴 이름이다.

용유담은 "옛날에 마적 조사馬迹祖師가 못 위에서 도를 닦다가 물소리가 강론을 듣는 데 방해가 되자 노하여 그 용을 채찍으로 때려 쫓으니, 부끄럽고 고통 때문에 갑자기 쓰러져 이와 같이 돌의 형상으로 되었다"라는 전설도 있다.

조귀명이 쓴 『유용유담기』에는 용유담에 대한 유람이야기가 기록되어 있는데 용유담의 아름다움과 웅장함에 탄복하여 쓴 시가 기록되어 이를 소개한다.

地勢陰森最 지세음삼최
川流激射來 천류격사래
風雲龍拔出 풍운용발출
巢宅石穿回 소택석천회

凜若深秋氣름약심추기

公然白日雷공연백일뢰

危橋跨不測위교과불측

生路渡方開생로도방개

지세는 숲이 우거진 것이 제일이니,

냇물이 세차게 흘러나오고,

바람과 구름이 물을 뽑아낸다.

새들은 바위 구멍에 집을 지어 노닐고,

청량함은 늦가을 같은데,

햇빛은 거침없이 퍼진다.

위험한 다리 건너기를 생각지도 못하는데,

살아남는 길이 바야흐로 열리는구나.

  그러나 지금은 지리산 댐을 둘러싼 논쟁이 심화되면서 용유담의 위용이
위협받고 있다.

묻고 또 묻고 묻는
구산선문의 최초 가람, 실상사

—

실상사는 지리산을 대표하는 사찰 중 하나다. 그리고 신라 말에서 고려 초에 형성된 선종禪宗의 9개파 중의 하나인 구산선문九山禪門 최초의 가람이기도 하다. 지금으로 표현하면 깨달음이 강조된 마음공부라고나 할까?

구산선문의 철학은 자신의 마음을 캐묻고 캐묻는 직지인심直指人心, 자신이 태생적으로 지니고 있는 불성을 성찰하는 견성성불見性成佛, 대립, 갈등 그리고 부정의 문자를 뛰어넘는 초월적 세계를 지향하는 부립문자不立文字, 부처의 가르침을 새롭게 깨닫는 교외별전教外別傳으로 세계관을 정리한다. 이를 4구표방四句標榜이라 한다. 구산선문, 즉 가지산문迦智山門, 실상산문實相山門, 동리산문桐裏山門, 희양산문曦陽山門, 봉림산문鳳林山門, 성주산문聖住山門, 사굴산문闍崛山門, 사자산문師子山門, 수미산문須彌山門 등의 9산 가운데 하나가 실상사이다.

지리산 깊은 산골에 자리한 실상사는 구산선문의 깨달음의 실험이라고나 할까. 일제강점기 그리고 한국전쟁을 겪으면서 많은 이야기를 가지고 있는 사찰이기도 하다. 지금은 사회적 깨달음, 깨물음의 실천이라고나 할까. 삶과 수행의 일치를 위한 사부대중의 공동체로 그리고 생태위기와 사회적 위기에 대응한 인드라망 생명공동체의 전진기지로서의 역할을 하고 있는 사찰이기도 하다. 한편 실상사는 스스로 마을 절이라고 부른다. 사찰이 세워지면 사찰 주변에 사람들이 하나둘 모여들면서 사하촌이 생겨나고 그것이 마을을 생겨나게 했듯이 실상사도 오랜 세월 실상사를 중심으로 사하촌을 이룬 마을 절이다.

생명평화
세상을 말하다

—

　실상사의 주지스님이시며 인드라망 공동체의 정착을 위해 많은 노력을 하시는 도법스님의 평화와 생명에 관한 이야기는 이러하다. 그는 이 땅의 생명평화결사를 위해 지난 수년간 사회적 메시지를 전하고 있기도 하다. 2013년 10월 가을이 시작될 즈음 지리산 둘레길 답사길에 스님의 법문을 달빛과 찬이슬 아래 함께 들었다. 별 빛 헤는 가을 밤 하늘에 수많은 별만큼 스님의 깨물음은 깊고 깊었다.

　"우리는 항상 새로운 것, 좋은 것, 아름다운 것, 거룩한 것 그리고 위대한 것을 찾지요. 인류역사는 늘 최고를 찾고 최고를 만드는 일에 집중해 왔습니다. 그러나 최고라고 믿고 만들어진 것은 생각에 따라 다를 수가 있습니다. 우리가 만든 최고…… 가령 핵무기, 컴퓨터라고 합시다. 최고로 만들어진 세상이 좋아지거나 평화롭거나 행복한지 묻고 싶습니다. 정말로 세상이 좋아졌다고 생각하십니까? 과연 행복한 세상일까요?"

　스님이 물음은 선문답처럼 물음에 물음으로 이어진다.

　"행복하지 않다면 세상이 좋아지지 않은 것입니다. 그러면 왜 행복하지 않은가? 그것은 욕심 때문에 그런 것입니다. 그래서 욕심을 내려놓으면 됩니다."

　이어서 내려놓음을 강조한다.

　"우리가 발견할 수 있는 것이 무엇이 있을까요? 시간으로 이야기하자면 '지금 이 순간'이며, 최고의 공간은 '지금 여기'이며, 최고의 존재는 '나'입니다. 정리하면 '지금 순간, 지금 여기, 지금의 나'는 곧 생명입니다. 천하를 다 뒤져 봐도 그 이상의 존재, 그 이상의 시간 그리고 그 이상의 나는 존재하지 않습니다. 그 어떤 모든 가치를 부여해도 그 이상은 없습니다. 따라서 이 세상에 우주적 시간이 아닌 것이 없습니다."

스님은 모든 생명의 존재 그리고 존재하여야 할 가치를 조심스럽게 이야기한다.

"모든 생명이 살아 있는 존재는 그 생명이 안전하길 바랍니다. 그것은 생명이 존재하는 이상 모든 생명의 근원적인 바람이기도 합니다. 그 바람은 안전하게 사는 것입니다. 모든 행위는 생명이 안전하게 살기 위한 것 그리고 생명이 평화롭고 안전하게 사는 것이 중요한 것입니다."

"끊임없이 더 좋은 것을 만들고 찾으면 행복해진다는 것이 이 사회의 핵심적인 논리였습니다. 지난 60년 사이에 200배 더 부자가 되었습니다. 더 많이 갖고 더 많이 쓰는 소유의 논리로 보면 그 규모는 매우 대단해졌습니다. 60년 전에는 컴퓨터, 자동차, 아파트는 거의 없었습니다. 그러나 지금은 넘쳐나고 있습니다. 넘쳐나고 있는 이 사회가 행복한가요? 현실적으로 그렇지 않다고 생각합니다. 더 많이 갖고 사는 것이 과연 행복할까요? 우리는 부족하고 불편해서 불행하다고 생각하고 있지는 않나요? 그러나 지금 우리 사회는 부족이 문제가 아니라 과잉이 문제가 되고 있습니다. 부족한 것이 많으면 더 많이 가지면 그만이지만 넘쳐나는 상황에서는 어떨까요? 즉, 불편하면 편리하게 만들면 그만입니다. 그러나 지금은 너무 편리하고 너무 많은 그 자체가 문제입니다."

채우려고만 하는 우리 사회에 대한 경종은 계속 이어진다. 그리고 타인에 대해서는 관심은 많지만 정작 자기 자신에 대해 관대하지 못한 것에 질문을 던진다.

"우리는 자기 자신을 너무 모릅니다. 나 아닌 다른 것에 대해서는 많은 것을 압니다. 이기적인 욕망과 욕심은 가득한데 정작 자기 존재에 대해서는 무지합니다. 자기 자신을 모르니 상대를 이해하려 하지 않습니다. 그리고 모르기도 합니다. 그래서 이기적 욕망을 채우는 것이 행복이라고 생각합니다. 그

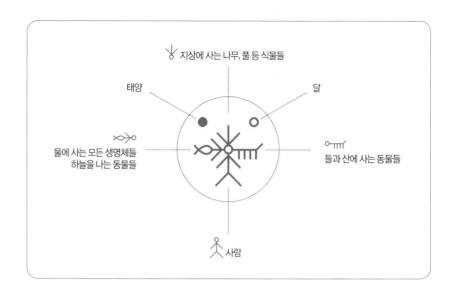

지상에 사는 나무, 풀 등 식물들

태양

달

물에 사는 모든 생명체들
하늘을 나는 동물들

들과 산에 사는 동물들

사람

래서 더 많은 것을 소유하면서 이기적인 욕구를 충족시키려고 합니다.”

“내 인생에서 현실적인 가치가 무엇일까요? 그러나 이 부분에 대해서는 관심이 없습니다. 가장 현실적인 가치는 생명을 이해하는 것입니다. 생명은 추상적인 것이 아니라 현실적이고 구체적인 문제입니다. 그러나 정작 자기 인생에 대해서는 생명에 대하여 아는 것이 없습니다.”

스님의 생명에 대한 이야기는 더욱 진지해진다.

“생명은 관계로 이루어져 있습니다. 내 생명은 내 안에 따로 있고 네 생명도 따로 있다는 생각은 아주 크게 잘못된 생각입니다. 만약 산소가 없다고 생각해 봅시다. 산소가 없다면 내 생명이 따로 있다면 내 몸 밖에 있는 산소와는 별개이므로 상관없이 나는 존재하여야 합니다. 그러나 우리 몸에 산소가 공급되지 않는다면 어떠할까요? 따라서 생명은 관계입니다. 분리하려고 해도 분리할 수 없는 것이 생명입니다. 물이 없는 내 생명, 불이 없는 내 생명, 태양이 없는 내 생명은 그 어느 것과도 분리가 될 수 없습니다. 나라는 존재는 다른 것과 관계 맺지 않고서는 존재할 수 없습니다. 그래서 불교에서는 이

것을 '인드라망'이라고 합니다."

도법스님이 중심이 되어 공동체를 이루고 있는 인드라망은 세상의 모든 것이 그물코처럼 연결되어 있다는 구두끈 이론, 전일론적 세계관이다.

"온 우주는 그물코처럼 연결되어 있습니다. 모두가 서로 연결되어 서로 도움을 주고받으면서 존재하는 것이 우주이며 나 자신이며 너인 것입니다. 그 어느 것도 관계되지 않은 것이 없습니다. 우리는 서로의 관계를 위해 더불어 함께 사는 길밖에 없습니다. 함께 사는 데 모든 노력을 기울여야 합니다. 생명의 법칙과 질서가 서로 관계되어 있기 때문에 함께 살아야 하는 것입니다."

생명평화는 서로 연결되어 있는 관계의 회복 그리고 공동체의 복원으로 가능하다고 강조한다.

"더불어 사는 길은 나 자신을 낮추고 비우고 나누는 삶을 도모하는 것뿐입니다. 낮추고 비우고 나누는 삶의 지혜가 필요할 때입니다. 모든 것은 관계와 참여를 통하여 생명을 유지하고 키워야 합니다. 이 과정은 존재의 가치를 느끼는 과정이기도 합니다. 이 파괴된 사회의 새로운 대안인 생명평화운동입니다. 낮추고, 비우고, 나누는 삶이 곧 더불어 사는 길입니다."

또한 더불어 사는 길 가운데 중요한 가치는 우리의 아이를 배려하여야 할 의무임을 강조한다. 우리의 자극적인 감각이 우리 아이들의 생명을 담보로 이루어져 있는가를 생각하면서 더불어 사는 가치를 거듭 강조한다.

"유독 더워진 여름, 여름에는 덥게 사는 것이 원칙이지요. 더위와 잘 어울리고 적응하는 것이 잘 사는 방법이지요. 덥지 않으면 꽃이 필 수 있을까요? 곡식이 익을까요? 수박이 열릴까요? 그렇지 않으면 우리의 삶이 어떨까요? 우리 아이가 꽃을 보고 즐거워할 수 있을까요? 수박을 먹고 행복해할 수 있을까요? 밥을 먹고 건강해질 수 있을까요? 감각적으로 자극하고 충족하는 것이 행복인지 다시 한 번 생각해 보시기 바랍니다."

지리산을 닮은
흙피리 소년의 노래

—

　매동마을 뒤편에 전국에서 유명한 지
리산 하늘재 사과농장이 있다. 가을빛을
맞은 탐스러움 그 자체다. 사과농장을 향
해 길을 가다 보면 '아버지와 아들의 숲
속음악회'라는 현수막이 한 장 걸려 있
다. 사과농장 뒤편에 지리산 자락을 배경
으로 무대가 펼쳐진다. 공연장은 너럭바
위와 얼기설기 엮은 통나무가 전부다. 오
늘도 이곳에는 지리산의 가을바람이 어
제처럼 여지없이 불고 있다. 자연이 만들
어 놓은 무대 위에 한치영의 노래와 한태
주의 흙피리 연주는 불어오는 산들바람
을 타고 소리를 황홀하게 영글게 한다.

　추운 겨울날 지리산 바람을 맞으며 몸
으로 만들었다는 '바람', 언덕 아래로 내
달리는 자전거 타는 것이 신나서 그 느
낌을 오선지에 그려 넣은 '자전거', 그리
고 모 방송국의 〈걸어서 세계 속으로〉
인트로 음악으로 유명한 '물놀이' 등 한
부자의 소리는 자연 그 자체이다. 15년
전 흙피리 소년으로 세상에 알려진 한태

주는 이제 어엿한 멋진 청년이다. 그러나 그날의 소리처럼 그의 손가락에 흥을 돋우는 소리는 자연을 타고 숲속음악회에 온 이들의 마음을 훔치기에 더없이 그윽하다.

한치영 선생님이 내민 동요 '르뽈', 제목부터가 심상치 않다. 이 노랫말을 위해 며칠을 계곡 물가에서 시간을 보냈다고 한다. 우리가 알고 있는 계곡의 물소리는 '졸졸졸'이다. "시냇물은 졸졸졸" 유년시절부터 알고 있는 노랫말이다. 그러나 그의 마음에는 왜 한 가지 소리일까 들어보니 한 가지 소리가 아니다. 자연스럽게 흐르는 소리, 작은 돌 위에 부딪치거나 떨어지는 소리, 작은 소를 이루면서 내는 소리…… 듣는 이에 따라 흐르는 물소리는 자기 색깔을 가지고 소리를 낸다. 그리고 그날의 자연의 상황에 따라 다르다. 이 노랫말이 한치영 선생님의 마음일지도 모른다.

"골짝 바위틈 흐르는 물아 노래 부르며 흐르는구나

무슨 노래를 부르니 내가 들려줄까

르뽈 뽀르작 르뽈짝르뽈 르뽈 뽀르작 르뽈짝르뽈."

좁은 들판에 아담하게 서다,
실상사 백장암

—

실상사 백장암은 실상사에서 인월로 가는 길 한쪽 언덕 위에 자리 잡고 있는 암자다. 실상사 백장암에는 3층 석탑이 있다. 좁은 들판에 햇빛을 머금으면서 멋스러운 자태를 드러내고 있다. 여기에 서 있는 실상사 백장암 3층 석탑은 지리산의 첫 번째 국보이다. 1963년 1월 21일 보물 제40호로 지정된 통일신라시대 석등의 형태를 취하고 있는 3층 석탑이다.

한국전쟁의 상처가
물들어 있는 곳, 뱀사골

—

　지리산 주능선에서 북쪽으로 흘러내리는 계곡인 칠선계곡, 한신계곡, 뱀사골, 광대골 등이 있다. 그중에 뱀사골은 여름철 지리산의 피서지로 유명한 곳 중 하나이다. 그러나 여름철 피서지 정도로 여기기에는 한스러운 곳이 뱀사골이다. 뱀사골은 한국전쟁의 어두운 그늘을 피할 수 없는 치열한 전적지였다. 뱀사골 입구에 가면 '지리산지구 전적기념관 및 전적비'가 그날의 총성을 말해주고 있다. 정부는 1979년 11월 23일 지리산에 유일하게 한국전쟁 전적기념관과 전적비를 세웠다. 바로 이곳이 한국전쟁 당시 빨치산과 군경

토벌대 간의 치열한 격전장으로 수많은 피로 얼룩진 곳이다. 영화 〈태백산맥〉의 배경이 되기도 했던 뱀사골은 여순반란사건*의 지휘본부가 있던 곳이기도 하다. 당시 이데올로기의 차이는 가족과 형제 그리고 친구와 선후배를 적과 동지로 만들었고 그 상처는 아직도 남아 있다. 마을조사를 다니면서 한국전쟁에 대한 이야기를 묻자 아직도 전쟁의 상처가 많은 곳이니 들으려고도 물으려고도 하지 말라고 당부하신 한 어르신의 말씀이 생각난다.

•
도올 김용옥은 『논술과 철학강의1』에서 여순항명사건으로 정리하고 있다. 그는 제주도민중항쟁을 진압하기 위하여 출동하라는 명령을 거부한 여수 주둔 14연대의 반란을 가리키는 것이라고 정의하고 있다. 1948년 10월 19일 오후 6시를 기해 제주도에 1개 대대를 파견하라는 출동명령이 하달되자, 좌익세력의 텃밭이었던 14연대는 "동족상잔이냐, 항명이냐?"라는 양자택일의 기로에서 항명을 선택했다고 전하고 있다. 김용옥, 『논술과 철학강의1』, 통나무, 2006, pp. 80~81.

88올림픽이 삼켜 버린 스카이라인, 성삼재

—

1967년 12월 29일 국립공원 1호가 된 지리산은 자연자원의 보전을 위해 국립공원법을 만들게 한 장본인이기도 하다. 당시 정부당국은 교통로 확보가 필요하다고 판단하고 지리산 외부 동선과 지리산 내부 동선 계획을 수립하게 된다. 내부 동선 계획은 스카이라인 계획이기도 하다. 당시 스카이라인 건설계획은 천은사와 구룡폭포를 잇는 18km, 노고단과 실상사를 잇는 19km, 쌍계사와 실상사를 잇는 22km, 거림과 벽소령을 잇는 12km 등 총 77km를 폭 8m의 도로를 만들게 된다. 그리고 천은사, 구룡폭포, 노고단, 그리고 실상사 구간은 88올림픽을 시점으로 성삼재 종단도로가 개통된다. 한때 성삼재 그리고 노고단은 몰려든 인파를 이겨내지 못하고 '공유지의 비극'처럼 처참할 정도로 생태환경이 파괴되기도 했다.

바람의 향기가 머무는 곳,
노고단

—

하늘로 치달을 것 같은 도로를 따라 성삼재 주차장에 도착하다. 이 구간은 남녀노소 신체적으로 큰 무리가 없으면 누구나 오를 수 있는 곳이 노고단이다. 그래서 노고단은 제법 높은 곳이지만 젊은 처자들이 하이힐을 신고도 오를 수 있는 그런 곳이다. 무분별하게 노고단 정상에서 야영을 하면서 황폐해졌던 자리는 발밑의 작은 잡목들과 풀들로 가득하다. 흙길 대신 나무 데크가 정갈하게 깔린 길을 따라 노고단 정상에 오르면 하늘이 탁 트인 풍광을 만나게 된다. 하늘에서 내려주는 햇살을 그대로 받으면서 사방에서 불어주는 바람의 향기를 느낄 수 있는 곳이 노고단이다.

부끄러운 모과나무,
화엄사 구층암

—

　우리나라에서 대표적인 문화자원은 화엄사이다. 그 화엄사가 구례에 있다. 성삼재에 도로가 놓이기 전에는 구례에서 하룻밤 묵고 지리산 노고단을 지나 천왕봉으로 가던 등반길이기도 했다. 통일신라시대에 창건한 화엄사는 모든 만물이 서로 연결되어 있다는 화엄사상을 바탕으로 지금까지 이어져 오는 사찰이다.

　그 화엄사는 뭐가 그리 부끄러운지 자그마한 암자를 숨겨 놓았다. 화엄사를 지나 뒷길로 오르다 보면 구층암이 나온다. 정갈하게 빗자국을 지닌 마당 위에 모과나무를 기둥으로 한 요사채가 자리하고 있다. 모과나무로 만든 암자는 인위적인 가공 없이 자연을 그대로 옮겨 놓았다. 암자 처마 밑에 앉아 보는 이들의 마음을 편하게 하는 것이 암자의 기둥이다. 아마도 자연을 닮은 집 지은 이의 마음이 보인다. 구층암을 소개하는 안내판에는 이렇게 적혀 있다.

　"구층암의 매력은 자연을 닮은 데 있다. 무엇 하나 자연을 거스르는 것이 없다. 요사채의 모과기둥은 단연 자연스러움의 으뜸이다. 모과나무를 다듬지 않고 있는 그대로 가져다 썼다. 천불의 부처가 모셔진 천불 보전 앞에 단아한 석등과 배례석, 모과나무가 있다. 복원하지 못하고 듬성듬성 쌓아 놓은, 신라 말기에 만들어진 것으로 보이는 3층 석탑마저 자연스럽게 보인다."

천년의 장수마을
그리고 당몰샘

—

　지리산은 천 년 이상 마을을 품어 왔다. 그중 하나가 장수마을로 유명한 구례군 사도리에 있는 상사마을이다. 이 상사마을은 장수마을로도 유명한 곳이다. 그중에 5대를 이어 마을의 위상을 높이고 있는 고택이 있는데 그 고택이 '쌍산재'이다. 쌍산재 바로 앞에 고려시대 이전부터 있었던 것으로 추정되는 샘이 있다. '당몰샘'이다. 마을에서는 이 샘물을 길러 식수로 사용해 왔다. 마을이 형성된 지 천 년이 되었다고 하니 이 샘도 그즈음에 생겼으리라 생각된다. 샘물도 수백 년간 마을 사람들의 안녕과 건강을 위한 약수가 되었으리라……. 샘물에 '천년고리 감로영천'이라고 건강을 기원하는 글귀가 있다.

300년 전 서당이 있던 곳,
쌍산재

—

5대째 대대손손 삶의 터를 이루고 있는 '쌍산재'는 과거 후학들을 양성하던 서당이었다. 아직도 서당의 흔적이 남아 있다. 대문을 열고 들어서서 대나무 숲 사이 돌계단을 오르면 한옥이 한 채 나오는데 그 한옥이 '쌍산재'이다. 고즈넉하면서 정갈하게 서 있는 '쌍산재'는 넓은 대청마루와 툇마루가 오는 이들의 마음을 편안히 쉬게 한다. 당장이라도 툇마루에 누우면 잠시라도 근심이 날아갈 것 같은 느낌이다.

지리산에 길을 묻다

어머니의 품 같은 고택,
곡전재

—

    고택 '곡전재'는 1929년 박승림 씨가 건축하였으나 1940년에 곡전 이교신 씨가 인수한 이래 오늘날까지 그 후손들이 거처하고 있다. 조선후기의 건축 양식으로 지어져 기둥 석가래 등은 크고 지붕이 높은 편이다. 이 집은 양반집 이 아닌 이 지역의 민가로 부농에 속하는 집이다. 문간채, 사랑채, 안채가 모 두 일자형으로 되어 있으며 호박돌로 쌓은 담벼락도 일품이다. 곡전재는 향 토문화유산으로 등록되어 있다. 건축적인 미학보다 건축물 안에 들어앉은 회랑으로 이루어진 물줄기는 거의 예술에 가깝다.

머쓱한 시골장,
화개장터

—

옛날에도 그랬을까? 지금의 화개장터를 처음 맞이하는 이들은 머쓱할 정도로 적잖은 실망을 하곤 한다. 다시 재현한 화개장터는 그야말로 콘텐츠의 부재이다. 그리고 공공이 손대면 다 망한다는 정설이 입증되는 사례이다. 화개장은 화개천이 섬진강으로 합류하는 지점에 열렸던 장이었다. 예전에 화개장은 전국에서 손꼽을 정도로 거래량이 많았던 큰 시장이었다. 남원과 상주 그리고 중국 비단과 제주도 생선도 섬진강을 타고 온 상선들에 의해 거래가 되던 곳이었다.

화개장터는 가수 조영남의 노래로 더욱 유명해졌다. 현재 새정치민주연합 공동대표인 김한길 의원이 작사를 한 화개장터는 호남과 영남의 화합을 위해 만든 노랫말이었다.

화개장터의 먹을거리는 즐길 만하다. 참게탕, 재첩국 등 먹거리가 풍부하다. 그중에서도 수박 맛 나는 은어튀김이 백미 중의 백미다.

지리산에 길을 묻다

화개장터

조영남 작사·작곡·노래

전라도와 경상도를 가로지르는
섬진강 줄기따라 화개장터엔
아랫말 하동사람 윗말 구례사람
닷새마다 어우러져 장을 펼치네
구경 한번 와보세요
보기엔 그냥 시골장터지만
있어야 할건 다 있구요
없을건 없답니다 화개장터
광양에선 삐걱빼걱 나룻배타고
산청에선 부릉부릉 버스를 타고
사투리 잡담에다 입씨름 흥정이
오손도손 왁자지껄 장을 펼치네
구경 한번 와보세요
오시면 모두 모두 이웃사촌
고운정 미운정 주고받는
경상도 전라도의 화개장터

화개장터

전라도와 경상도를 가로지르는
섬진강 줄기 따라 화개장터엔
아랫마을 하동 사람 윗마을 구례 사람
닷새마다 어우러져 장을 펼치네
구경 한 번 와 보세요
보기엔 그냥 시골 장터지만
있어야 할 건 다 있구요
없을 건 없답니다 화개장터

광양에선 삐걱삐걱 나룻배 타고
산청에선 부릉부릉 버스를 타고
사투리 잡담에다 입씨름 흥정이
오손도손 왁자지껄 장을 펼치네
구경 한 번 와 보세요
오시면 모두 모두 이웃사촌
고운 정 미운 정 주고받는
경상도 전라도의 화개장터

자연의 숨결이 여유로운
섬진강

—

이중환의 『택리지』에는 섬진강을 이렇게 표현하고 있다.

구례의 서편은 봉동이며 천석이 기이하다. 동쪽에는 화엄사와 연곡
사 등의 명승지가 있고, 남쪽에는 구만촌九灣村이다. 임실에서 구례
까지 강을 따라 내려오면서 이름난 곳과 훌륭한 경치가 많고, 큰 마
을이 많은데 그중에도 구만촌은 시냇가에 위치하여 강산 토지와 거
룻배를 통해 얻은 생선·소금의 이익이 있어 이 가운데 가장 살 만
한 곳이다.

이중환의 이야기에 의하면 구만촌까지 뱃길이 있었음을 알 수 있다. 큰 배
는 아니었지만 생선과 소금을 얻을 수 있는 교역로였던 곳이다. 이뿐 아니다.
이중환이 경치가 훌륭하다고 했듯이 지금도 섬진강의 경관은 매우 수려하
다. 2차선 도로와 그 사이로 놓인 가로수 그리고 저녁노을이 지는 시간 즈음

이면 드라이브 코스로 최고다. 이러한 아름다움을 평생 노래한 시인 김용택
은 섬진강이 말해주는 것을 받아 썼다고 할 정도로 섬진강을 예찬한다.

섬진강

김용택

가문 섬진강을 따라가며 보라
퍼 가도 퍼 가도 전라도 실핏줄 같은
개울물들이 끊기지 않고 모여 흐르며
해 저물면 저무는 강변에
쌀밥 같은 토끼풀꽃,
숯불 같은 자운영꽃 머리에 이어주며
지도에도 없는 동네 강변
식물도감에도 없는 풀에
어둠을 끌어다 죽이며
그을린 이마 훤하게
꽃등도 달아준다
흐르다 흐르다 목 메이면
영산강으로 가는 물줄기를 불러
뼈 으스러지게 그리워 얼싸안고
지리산 뭉툭한 허리를 감고 돌아가는
섬진강을 따라가며 보라
섬진강물이 어디 몇 놈이 달려들어
퍼낸다고 마를 강물이더냐고,
지리산이 저문 강물에 얼굴을 씻고
일어서서 껄껄 웃으며
무등산을 보며 그렇지 않느냐고 물어보면
노을 띤 무등산이 그렇다고 훤한 이마 끄덕이는
고갯짓을 바라보며
저무는 섬진강을 따라가며 보라
어디 몇몇 애비 없는 후레자식들이
퍼간다고 마를 강물인가를

평사리 그리고
박경리의 토지

—

    화개장터를 지나 섬진강을 따라가다 보면 하동군에 이른다. 하동군 초입에 악양이 있다. 악양은 지리산 남부의 마지막 형제봉으로 둘러싸여 있으며 약 80여만 평의 악양 들판은 박경리 선생님의 소설『토지』의 무대이기도 하다.

    전통적으로 농업국가였던 우리나라의 근간은 농업이었다. 그 농업의 권력은 농토를 가장 많이 소유한 자의 것이나 마찬가지였다. 토지에 등장하는 최참판이 그러한 인물이다. 가상의 공간이기는 하지만 최참판댁 툇마루 앞으면 악양들판인 평사리가 한눈에 들어온다. 계절에 상관없이 아름다움 그 자체다. 최참판은 자기 집 툇마루에 앉아 무슨 생각을 했을까? 내 논을 빌어먹는 아랫것들이라고 생각하지 않았을까?

    박경리 선생님의『토지』는 바로 대지주인 최참판과 소작농의 이야기를 통하여 근대사를 말하고 있는 소설이다. 그 과정에서 한국 근대화의 꽃이며 시작이라고 하는 동학운동, 갑오개혁, 한일병탄 등의 역사적 사건 앞에 가난한 민중이 아름답게 피어나는 생명을 이야기하고 있다.

하늘 닿은 고갯길,
회남재

—

  평사리를 뒤로하고 가다 보면 회남재에 이른다. 회남재는 해발 740m의 고
갯길이다. 하동군 악양면 등촌리와 청암면 묵계리를 잇는 고갯길이다. 악양
에서 길을 오르다 보면 길이 갑자기 좁아진다. 금방이라도 오프로드로 접어
들 것 같은 기분이다. 차량에 소통이 뜸해서인지 덤불들이 도로까지 나와 있
다. 긴장을 멈추지 않고 계속 오르다 보면 곧 하늘로 오를 것처럼 경사가 만
만치 않다. 이 회남재는 조선의 재야학자라고 할 수 있는 남명 조식 선생이

산청 덕산에서 후학을 양성하던 중 악양이 명승지라는 이야기를 듣고 1560년경에 찾아왔다가 이곳에서 다시 돌아갔다고 하여 붙은 이름이 회남재이다. 이 고갯길은 지리산 주변의 하동과 함양 사람들이 하동시장으로 넘나들던 고갯길이었다. 그 고갯길에 다다르면 청학동으로 가는 길로도 이어진다. 회남재를 중심으로 보면 청학동, 삼성궁과 악양의 평사리와 연결되어 있음을 알 수 있다.

청학동
삼성궁

—

악양에서 회남재로 오르면 고갯마루에 청학동(삼성궁)으로 가는 나무 간판이 보인다. 그 간판을 따라 내려가면 청학동에 이른다. 청학동은 일심교라는 종교로 집단생활을 하는 곳으로 알려져 있다. 어린아이들은 머리를 길게 땋아 늘어트리고 서당교육이 이들의 학교교육이다. 지금은 청학동 예절학교로 더 유명하다. 방학이 되면 아이들은 이곳에서 일정기간 캠프를 하면서 예절을 배운다. 청학동예절학교는 청림서당, 선비서당 등 상당수에 이른다.

지리산이 품은
남명 조식의 남명기념관

—

경남 산청군 사천면은 남명 조식의 사상이 뿌리 내린 곳이라 해도 과언이 아니다. 이곳에는 남명 조식의 학적을 기리기 위해 1576년 문인들에 의해 세워진 국가문화사적 제305호인 덕천서원을 비롯하여 세심정 · 용암사원 · 산천재 등 남명 조식과 관련된 문화자원을 곳곳에서 살펴 볼 수 있다. 남명 조식은 1501년 경남 합천군 삼가면 토동의 외가에서 승문원 판교를 지낸 언형과 모친 이씨의 3남 2녀 중 2남으로 태어났다. 어려서부터 천문, 역학, 지리, 그림, 의약, 군사 등에 다양한 분야에서 재주를 보였으며, 후에 명종과 선조에게 중앙과 지방의 관직을 여러 차례에 걸쳐 제안받았으나 한 번도 벼슬에 나서지 않고 후학을 힘쓰는 데 평생을 바쳤다.

남명 조식은 1951년 지리산의 덕천동에 있는 후학양성기관 산천재에서 그의 사상을 펼쳐나갔다. 산천제 4기둥에는 '덕산에 묻혀 산다德山卜居'라는 시가 적혀있다.

春山底處无芳草 춘산저처우방초
只愛天王近帝居 지애천왕근제거
白手歸來何物食 백수귀래하물식
銀河十里喫猶餘 은하십리끽유여

봄날 어디엔들 방초가 없으리요마는
옥황상제가 사는 곳 가까이 있는 천왕봉만을 사랑했네
빈손으로 돌아왔으니 무엇을 먹고 살 것인가
흰 물줄기 십리로 뻗었으니 마시고도 남음이 있네.

    그는 살아생전 한 번도 오르기 힘든 지리산을 열두 번이나 올랐다고 한다. 그가 열두 번 지리산에 오르고 난 후 『유두류록流頭流錄』을 남겼다. 그리고 그는 사람의 마음을 수양하는 법을 그린 '신명사도神明舍圖'를 남긴다. 신명사神明舍는 '마음의 집'이란 뜻으로 신체 안에서 내적으로 마음을 잘 다스리는 데 필요한 것이며, 성리학에서 이를 '경敬'이라고 한다. 마음을 잘 다스리기 위해서는 눈, 귀, 입을 통해 보고, 듣고, 말하는 것에 신중을 기하여야 한다. 마음과 사물이 만났을 때 스스로 성찰하고 '의義'에 따라 행동하여야 함을 강조한다. 그가 48세부터 61세까지 거주한 뇌룡정이 '신명사도'에 의해 지어진 집이다.

해인사의 말사,
대원사

—

    남명 조식의 혼이 깃든 산청군 삼장면 유평리에서 59번 지방도를 타고 가다 평촌 보건진료소를 끼고 좌회전을 하면 사방에 둘러싼 산자락에 포근하게 들어앉은 양지바른 평촌이 보인다. 마을의 푸근함이 끝 무렵 유평탐방지원센터를 만난다. 지원센터에서 시작되는 좁은 길과 보도블록은 대원사 가는 길이 맞나 할 정도로 애매모호하다. 이러한 의심은 과감히 버리고 그 길을 따라가다 보면 지리산 천왕봉과 맞닿은 지리산 자락의 골이 어우러져 만든 계곡이 걷는 이의 탄식을 자아 낼 정도로 맑고 아름답다. 그 길을 따라가다 보면 일주문과 해인사의 말사인 대원사가 나온다. 대원사는 해인사의 말사로 신라 진흥왕9년(548)에 창건되었으나 임진왜란과 여순사건 당시 두 번의 전소를 당하는 근현대사의 아픔을 겪은 사찰이다.

여행의 시름을 달래주는 후덕한 산청읍내
그리고 산청IC

—

　차량으로 갈 수 있는 길의 끝이 대원사이다. 대원사에서 천왕봉으로 도보로 갈 수 있다. 지리산 천왕봉에 오르는 대원사 코스다. 대원사 코스는 대원사 차밭목대피소, 싸리봉, 중봉 그리고 천왕봉으로 이어진다. 대원사에서 다시 평촌을 지나 고갯마루인 밤머리재를 넘다 보면 지리산 자락이 품은 산새가 제법 멋스럽다. 그 길을 따라가다 보면 신세계리조트를 지나 산청읍내로 이어진다. 급히 올라갈 이유가 없는 이들은 이 길을 따라 하루를 정리해보는 것도 좋을 듯싶다. 시내에는 그다지 세련되지 않은 여관 1층에 노부부가 운영하는 목욕탕이 있다. 지리산 둘레길 묵객들이 제법 많이 들르는 듯하다. 목욕료는 5,000원이다. 여성 손님에게는 조그만 플라스틱 그릇에 필요한 목욕용품을 담아 건네 주는 노부부의 푸근한 마음이 보인다. 목욕을 마치고 길 건너 맞은편에 있는 지리산 흑돼지 국밥집에서 지리산의 행복을 채울 수 있다.

지리산 마을 자원 DB

1) 매동마을

■ 자연자원: 경관자원
- 송림
  - 소나무 숲
  - 오씨 문중 송림, 김씨 문중 송림, 서씨 문중 송림으로 이루어짐

- 죽림
  - 대나무 숲
  - 박씨 문중의 죽림이 있음

- 람천
  - 인월에서 산내로 흐르는 천

- 노인암
  - 소년대 위에 위치함 병계 윤봉구 감사의 글씨가 적혀 있음

- 빨래터
  - 옛 아낙들이 모여 빨래를 하던 곳

- 우물
  - 지하수를 퍼 올리기 위하여 지면을 수직으로 파놓거나 관을 세로 방향으로 박아 넣은 설비. 상수도의 보급으로 지금은 사용하지 않음

■ 자연자원: 지역자원
- 체험학습관
  - 마을에서 주관하여 체험학습 프로그램을 지님. 대표적으로 빈집에서 놀기, 목기 체험, 전통놀이 체험 등이 있음

■ 문화자원: 시설자원

- 퇴수정
  - 2000년 11월 17일 전라북도문화재자료 제165호로 지정. 조선 후기에 선공감(繕工監) 가감역관(假監役官)을 지내다가 가선대부(嘉善大夫) 공조참판(工曹參判)에 증직된 매천(梅川) 박치기(朴致箕)가 벼슬에서 물러나 은거하기 위하여 1870년(고종 7)에 지은 2층 누각 건물. 퇴수라는 정자의 이름은 관직에서 은퇴하겠다는 의지를 담음

- 백장암
  - 대한불교 조계종 제17교구 본사 금산사의 말사인 실상사(實相寺) 소속 암자 828년(신라 흥덕왕 3) 홍척(洪陟)이 실상사를 창건하면서 함께 세움. 1468년(조선 세조 14) 실상사가 화재로 폐허가 된 이후부터 1679년(숙종 5)까지는 이 암자가 중심 사찰로 승격

- 관선제
  - 설립자는 운봉 유학자 매천 박치기의 본손 임. 매천의 유풍을 사모하여 해마다 한 번씩 모여 학문을 강론함. 벗들이 서로 선으로 충고한다는 뜻을 취하여 관선이라는 편액을 붙였음

- 학고재(學古齋)
  - 율포 박상호가 설립함. 박상호와 그의 아우 조카와 더불어 이곳에 서재를 지어 후생들에게 강학할 장소를 제공함

- 경모재
  - 동복오씨 귀운공파 재각

- 효우재
  - 1996년 건립한 밀양박씨 향산공파 재각

- 삼선대
  - 노인암의 남쪽에 있음. 기암이 첩첩이 쌓여 있고 맑은 시냇물이 그 아래로 쏟아져 흐르니 참으로 별경이라 하였음. 연포 박동한의 삼선대 원운이 석각되어 있음

- 세진대
  - 퇴수정 아래 폭포가 있고 그 물 가운데 100여 명이 앉아 놀 수 있는 넓은 바위

- 세심대
  - 삼선대 아래에 있으며 폭포수가 있음

- 백장암 삼층석탑
  - 1962년 12월 20일 국보 제10호로 지정. 높이는 5m이고, 재료는 화강석으로 되어 있음. 실상사에서 북쪽으로 조금 떨어진 곳에 백장암이라는 암자 아래 경작지에 세워진 탑

- 백장암 석등
  - 1963년 1월 21일 보물 제40호로 지정. 간석(竿石) 높이 0.8m, 재료는 화강석. 석등은 일반적으로 화사석(火舍石: 석등의 중대석 위에 있는, 불을 켜는 돌)을 중심으로 밑에는 받침을 두고 위에는 지붕돌을 얹는데, 이 석등은 받침이 땅속에 묻혀 있음. 통일신라시대 석등의 기본 형태를 잘 간직하고 있으며, 수법으로 보아 통일신라 후기인 9세기에 건립된 것으로 추정됨

- 백장암 보살좌상
  - 1999년 4월 23일 전라북도유형문화재 제166호로 지정. 불상이 조성된 시기는 고려 말기에서 조선시대 초기로 추정됨. 정면을 응시하면서 결가부좌(結跏趺坐)한 형태

■ **문화자원: 향토설화자원**
- 매동 당산제
  - 마을 뒷산에 할아버지와 할머니 당산, 마을 복지회관 옆에 작은 할머니 당산이 있음. 음력 정월 초사흗날 밤 12시에 할아버지 당산으로부터 할머니 당산, 작은 할머니 당산 순으로 제사를 지냄. 당산제를 지내는 목적은 마을에 피해가 없이 잘되기를 기원하는 데 있다고 함

- 소년대 당산제
  - 소년대 마을은 매동마을의 옆에 있는 작은 마을. 이 마을 뒷산에 병풍바위 혹은 노암바위가 있는데 이 바위가 바로 당산임. 정월 초사흗날 새벽 1시에 마을에서 깨끗한 사람이 제관이 되어 이들 부부가 음식을 장만하여 당산제를 지냄

- 연시제
  - 설날 아침에 아버지와 할아버지 2대를 함께 지내는 제사

2) 원백일마을

■ **자연자원: 경관자원**
- 실상사 장승
  - 1969년 12월 15일 중요민속자료 제15호로 지정. 해탈교를 건너기 전에 한 기가 더 있었는데, 1936년 홍수 때 떠내려감. 이 장승은 잡귀(雜鬼)를 막기 위하여 절 어귀에 세워 놓은 것으로, 현지에서는 벅수라고도 함. 도갑사(道岬寺) 등 한국 사찰 입구에 세워진 석장승 중 대표적인 것의 하나임

- 백운봉 조망
  - 지리산의 능선 중 하나인 백운봉이 보임

- 천왕봉 조망
  - 해발고도 1,915m로 남한에서 한라산(1,950m) 다음으로 높음. 거대한 암괴(巖塊)가 하늘을 떠 받치고 있는 형상을 하고 있으며, 서쪽 암벽에는 하늘을 받치는 기둥이라는 의미의 '천주'라는 음각 글자가 있음. 함양 방면으로는 칠선계곡을 이루고, 산청 방면으로는 통신골ㆍ천왕골(상봉 골)을 이루어 중산리계곡으로 이어짐

- 만수천
  - 대정리에서 마천으로 흐르는 천

- 부연
  - 경남 마천면과의 면계에 위치하며, 일명 가마소라고도 부름. 이곳은 임진왜란 때 약탈을 자행 하는 왜적에게 정조를 지키기 위해 오사종의 처 민 씨가 소에 투신 자살한 곳임

■ 자연자원: 지역자원

- 실상사 해탈교
  - 실상사로 가는 길목에 놓인 다리. 다리 입구 양쪽에는 석장승이 있음

- 체험학습
  - 귀농학교에서 주최하는 귀농인들을 위한 체험학습. 생태농업 이론부터 직접 농사짓기, 친환경 유기농업, 집짓기 등 실질적인 프로그램으로 되어 있음

- 실상사 귀농학교
  - 귀농인들의 자립적인 귀농을 위한 준비를 위해 경험해 보는 학교임. 귀농에 관한 실습 위주로 프로그램이 짜여 있어 귀농인들에게 실질적으로 도움을 주고 있음

- 목기
  - 나무로 만든 용구

■ 문화자원: 시설자원

- 실상사
  - 대한불교 조계종 제17교구 본사인 금산사(金山寺)의 말사. 사적기(寺蹟記)에 따르면 창건은 통일신라시대인 828년(흥덕왕 3) 홍척(洪陟)이 구산선문(九山禪門)의 하나로 자리를 잡은 데 서 비롯됨. 선종(禪宗)이 처음 전래된 것은 신라 제36대 혜공왕(惠恭王) 때인데, 발전을 못하다 가 도의(道義: 道儀)와 함께 입당(入唐), 수학하고 귀국한 증각대사(證覺大師) 홍척이 흥덕왕 의 초청으로 법을 강론함으로써 구산선문 중 으뜸 사찰로 발전하였음

- 실상사 부도
  - 탑은 일반적인 양식을 기본으로 하여 맨 아래 바닥 돌에서 지붕까지 모두 8각을 이루고 있음. 아래받침돌에는 용틀임과 구름무늬가 아름답게 새겨져 있고, 가운데받침돌은 아무런 무늬를 새기지 않음. 위받침돌에는 연꽃 8잎이 위를 향해 피어 탑 몸돌을 받치고, 각 모서리를 따라 꽃 장식이 표현되어 있음. 탑 몸돌은 한 면에만 문을 얕게 조각하고, 다른 면에는 아무 장식이 없음. 약한 석질 탓인지 조각은 간소하고 소박한 편임. 만들어진 연대는 통일신라시대의 양식을 충실하게 계승한 고려 전기의 것으로 추정됨

- 실상사 석등
  - 1963년 1월 21일 보물 제35호로 지정. 전체높이 5m, 재료는 화강석. 석등 앞에는 높이 1m의 4층 석제가 놓여 있으며 이는 석등에 점화할 때 올라가는 돌계단임. 석등을 장식한 양식으로 보아 9세기 중엽에 조성된 것으로 보임

- 실상사 철제여래좌상
  - 1963년 1월 21일 보물 제41호로 지정. 높이 2.66m이다. 실상사의 본존불상. 통견(通肩)의 납의(衲衣)는 아래로 내려갈수록 무거우며 U자형의 단상의(段狀衣) 무늬는 당시에 유행하던 단상밀집의무늬와 직결되는 수법임

■ 문화자원: 향토설화자원
- 원백일리 당산제
  - 당산나무가 윗당산과 아랫당산이 있었으나 아랫당산은 썩어서 죽었음
  - 제를 지낼 때는 자식이 성하고 궂은 일이 없으면 깨끗한 사람으로 7~8명 제관을 선정
  - 음식을 만드는 사람도 그 기간 내에 화장실만 다녀와도 옷을 갈아입어야 함
  - 음력 1월 1일 해질녘에 지냈는데 제를 지낼 때 아이를 낳거나 사흘 내에 사람이 죽으면 그해에는 제사를 지내지 않는다고 함

■ 인적자원: 과거인적자원
- 목기장 박형준
  - 목기장으로 무형문화재로 지정됨

■ 인적자원: 현재인적자원
- 옻칠장 김을생
  - 남원에서 태어나 전라 목기 기술 중학교와 전주 공업고등학교를 졸업하고 몇 년의 객지 생활을 한 것 이외에는 평생을 목기 만드는 일을 계속해 옴. 조부 김영수(金永守) 씨와 부친 원달(元達) 씨로 이어져 내려와 3대째 가업을 이어가고 있음

- 목기장인 김대현
  - 산내공업기술중학교 목공예교사로부터 목공기술을 배우기 시작함

- 귀농인
  - 다른 지역에서 이주해온 농민(주민)

3) 상황마을

■ 자연자원: 경관자원
- 다랑논
  - 산골짜기의 비탈진 곳에 층층으로 되어 있는, 좁고 긴 논. 다랑치논-'다랑논'의 북한어. 다랑논- 경사진 산비탈을 개간하여 층층이 만든 계단식 논

- 복치혈 굴
  - 꿩이 숲 속에 엎드려 있는 형상을 말함. 산의 모습이 마치 숲 속에 숨어 엎드려 있는 꿩의 모습을 한 명혈로서 그 형태의 굴을 말함

- 보호수 느티나무
  - 마을 입구에 있는 노거수(老巨樹) 괴목나무 2주가 서 있음. 그 유래는 지금으로부터 약 390여 년 전 임진왜란 당시 파평윤씨(坡平 尹氏)가 피란차 상황마을에 정착하였는데 그때 괴목나무 묘목이 많이 나 있는 것을 다 뽑아내고 그중 2주만 남겨두고 가꾸어 놓은 것이 현재 이 노거수(老巨樹)임. 역사가 이루어졌던 것으로 이 마을의 상징수(象徵樹)로 되어 있음

- 등구치
  - 백운산과 삼봉산을 잇고 있는 고개임. 도로 개설 전 마천면으로 통하는 유일한 고갯길로 사람의 왕래가 가장 많았던 것으로 전해지고 있음

■ 자연자원: 지역자원
- 파평윤씨 문중마을
  - 약 390여 년 전 임진왜란 당시 파평윤씨(坡平 尹氏)가 피란차 상황 마을에 정착하여 일구어낸 마을

■ **문화자원: 향토설화자원**

• 파평윤씨 입향조 전설
 - 파평(波平)윤씨 통정대부 윤천왕(尹天王)이 1592년 임진왜란 때 지리산으로 피란 가던 중 등구치를 넘어 가려고 지나가다 영신암(靈神岩)이라 하는 바위 밑 굴 속에 숨어 피란하였음. 굴로부터 약 200m 떨어져 있는 지금의 마을 위치에 내려와 느티나무 숲으로 되어 있는 마을 터를 닦아 정착함. 자손이 번창하여 윤씨 단일 동성 마을이 형성됨

• 상여소리
 - 장례식 때 상여를 메고 가는 향도꾼 혹은 상두꾼으로 불리는 상여꾼에 의하여 불리는 소리로, 장례의식과 상여를 메고 운반하며, 또 땅을 다지는 노동의 기능이 복합되어 있어 의식요이면서도 노동요의 성격을 지니고 있음

■ **인적자원: 과거인적자원**

• 파평윤씨
 - 파평(波平)윤씨 통정대부 윤천왕(尹天王)이 1592년 임진왜란 때 이곳으로 피란 오면서 이 마을에 정착하게 됨

4) 중황마을

■ **자연자원: 경관자원**

• 황강대
 - 큰 바위가 석대를 이루고 있고 그 아래에는 깊은 물과 맑은 모래가 있고 물이 차고 맑아 쉴 만한 장소로 적합함. 유학자 지강 김영수, 농암 박영진, 춘포 김광순, 운서 조기환 등이 뜻이 같고 나이가 같아 갑계를 매었다. 그곳에서 시를 읊고 석각을 남겼음

• 삼봉산
 - 함양과 경계를 이루고 있음. 지리산과 주능선 전망이 가능함. 봉우리가 세 개 있다고 하여 삼봉산이라고 함

• 백운산
 - 흰 구름이 덮여 있다고 백운산이라고 함. 중황마을 앞에 자리하고 있음

• 탱석폭포
 - 과거 이곳은 석벽이 서로 마주 보고 있어 모습이 마치 사람 인(人)자 같다고 했으며 쏟아지는 폭포수가 마치 옥을 부어 놓은 것과 같다고 하였음. 농암 박영진이 이곳에 석각을 남겼으나 태

풍으로 없어짐

■ 자연자원: 지역자원

• 성황단(서낭단)
  - 지방에 따라서 할미단(老姑壇: 전남) · 천왕단(天王壇: 경북) · 서낭단(城隍壇: 경기 · 황해도) · 국사단(國師壇: 평안도) · 국시당(함남) 등 여러 명칭이 있음. 서낭(城隍)이라는 명칭은 고대 중국의 성읍(城邑)을 수호하는 신인 성지신(城地神)에서 유래됨. 육조(六朝) 때부터 '성황(城隍)'이라고 불렀음. 지금은 흔적만 있음

• 누석단
  - 마을 북쪽에 하나가 있고 나머지는 마을 서쪽 개울가에 있음. 이조 선조 때에 입촌(入村)하였다고 하는데 마을에서 소년들이 자주 죽자 지관의 지시에 따라 탑을 쌓았다고 함. 또는 마을의 안녕과 평화를 위해 누석(累石)을 쌓았다고 여겨지기도 함. 이곳에서는 누석을 '조산(造山)' 또는 '조산무데기'라고 부르고 있음

• 고사리 집단재배지
  - 고사리가 많이 나는 지역으로 주민들의 생계를 집단지배지로 만들 예정임

■ 문화자원: 시설자원

• 황강사
  - 백운산 기슭에 위치함
  - 신라시대 때 창건된 것으로 추정됨(현재는 없음)

■ 문화자원: 향토설화자원

• 중황마을 당산제
  - 마을에서 북쪽으로 가면 길가에 두 그루의 당산나무가 있음. 앞쪽에 있는 느티나무는 둘레가 510cm이고, 뒤쪽에 있는 느티나무는 520cm 정도로 수령은 400~500년 정도로 추정. 제물로는 메, 돼지 산나물, 과일 등으로 일반 제사와 같이 함. 당산제가 끝나면 농악을 하면서 동네 한 바퀴를 돈다고 함. 제관은 대부분 이장이 주관하고 비용도 마을 기금으로 공동운영 하고 있음

■ 인적자원: 과거인적자원

• 강화노씨
  - 1600년경 강화노씨들이 임진왜란을 피해 마을에 들어와 살게 되었으나 노씨들은 하황으로 이주하였음

5) 중기마을

■ 자연자원: 경관자원
- 솔고개
  - 중기마을에서 대정리로 넘어가는 고개

- 삼봉산
  - 백두대간의 큰 지맥이 함양 백운산에서 한 가지를 뻗어내려 전북 남원과 경남 함양의 도계와 군계로 가르며 솟은 산

- 만수천
  - 대정리에서 마천으로 흐르는 천

- 하지골
  - 중기 북쪽에 있는 골짜기

■ 문화자원: 시설자원
- 세진암(서진암)
  - 서진암은 원래 세암 또는 세진암이라 함. 창건 연대는 알 수 없으나 1822년(순조 22)에 불탄 후, 1827년에 성윤두타와 대영비구가 다시 세웠음. 1917년에 운담기순이 기금을 모아 중건함. 1927년에는 세진암을 서진암으로 명칭 변경을 신청해 총독부로부터 허가를 받았으며, 1933년 화재로 불탄 것을 1935년에 중수하였음

- 미륵불상 1기
  - 서진암 내에 있는 불상. 승려들이 관리하고 있음

■ 인적자원: 현재인적자원
- 한태주
  - 1987년생 일명 흑피리 소년이라고 불림. 오카리나 연주가로 초등학교만 졸업 후 혼자서 연주를 해옴

- 산촌유학 귀농인
  - 산촌유학은 대안교육의 한 형태로, 짧게는 6개월, 길게는 2년까지 시골 학교에 다니며 농촌의 생활과 교육을 체험하고 돌아가는 프로그램임. '학원 순례'로 상징되는 도시 교육에 염증을 느낀 부모들에게 각광받고 있어서 산촌유학을 위해 귀농하는 사람들이 있음

6) 창원마을

■ 자연자원: 경관자원

• 구송정
  - 창촌동 남쪽에 있는 소나무 숲(=독무정)

• 오도재
  - 마천면 삼정리 영원사(靈源寺) 도솔암에서 수도하던 청매(靑梅) 인오조사(印悟祖師)께서 이 고개를 오르내리면서 득도한 연유로 오도재라는 이름을 얻었음. 오도재(773m)는 삼봉산(1,187m)과 법화산(991m)이 만나는 지리산 관문의 마지막 쉼터로 많은 시인 묵객들이 걸음을 멈추며 지리산을 노래했고, 여러 지방의 해산물이 이 고개를 지나 타 지방으로 운송된 육상 교역로였음

• 장작 담
  - 마을 주변에 장작을 이용한 담을 많이 쌓아 놓았음

• 보호수 당산나무
  - 마을 입구에 있어 마을의 풍수비보 역할을 함

■ 자연자원: 지역자원

• 다랑논
  - 산골짜기의 비탈진 곳에 층층으로 되어 있는, 좁고 긴 논

• 한봉
  - 토종꿀, 1년에 한 번만 채취(첫 서리 내릴 쯤)하며, 장소를 이동하지 않고 한자리에서만 채취하므로, 정해진 장소의 일정한 꽃에서 채취한 특성인 있는 벌꿀이며, 여름에 벌들이 벌통 밖에서 날갯짓을 통해서 수분을 충분히 증발시켜서 농도가 진함

• 한지
  - 보통 조선종이라고도 함
  - 닥나무[楮]나 삼지닥나무[三枝楮] 껍질을 원료로 하여 뜸

■ 문화자원: 시설자원

• 서당
  - 예로부터 내려오는 사설(私設) 한문교육기관. 학당(學堂)·사숙(私塾)·학방(學房) 등이라고도 함. 서당에 관한 기록은 삼국시대 고구려에 경당(扃堂)이라는 부락단위의 학교가 있었던 것

으로 보아 이것이 통일신라를 거쳐 고려 초기부터 각처에서 성행한 것으로 여겨짐

- 부사 이후 득준 청덕 선정비
  - 이득준 부사는 그의 6대조 이성길 공이 광해 7년(1615)에 군수로 와서 공적을 남겼는데 그 후 손으로 부임하여 백성을 사랑하고 사욕이 없어 선류대를 이어 업적을 쌓았기에 그를 기리기 위해 정조12년(1788) 비를 세웠음

■ 문화자원: 향토설화자원

- 변강쇠와 옹녀이야기
  - 근원설화(根源說話)를 소재로 했을 이 작품은 장승의 복수를 통해 호색에 미친 남녀인 변강쇠와 옹녀 그리고 그들 주변에 나타나는 온갖 잡놈들을 응징하고 있음. 징글맞은 상부(喪夫)로 '烈女不更二夫'라는 윤리를 헌신짝처럼 여기는 천하 잡년 옹녀와 온갖 풍상을 겪는 천하 잡놈 변강쇠는 음란함과 두 사람을 싸고도는 파계승 · 초라니 · 풍각쟁이 · 마종 · 떰뜩이들의 호색 추구를 이 변강쇠전은 잘 부각시켜 놓고 있음

- 김종직의 『유두류록』
  - 조선시대의 문인 김종직(金宗直)이 함양 고을의 원으로 있던 1492년 여름 두류산(현재의 지리산)을 유람하고 적은 기행문임

■ 인적자원: 과거인적자원

- 부사 이득준
  - 함양 부사, 1786～1787년까지 재임하였음

■ 인적자원: 현재인적자원

- 산촌유학 귀농가정
  - 산촌유학은 대안교육의 한 형태로, 짧게는 6개월, 길게는 2년까지 시골 학교에 다니며 농촌의 생활과 교육을 체험하고 돌아가는 프로그램임. '학원 순례'로 상징되는 도시 교육에 염증을 느낀 부모들에게 각광받고 있어서 산촌유학을 위해 귀농하는 사람들이 있음

- 한지장인 이상옥
  - 창원마을에 거주하고 있으며 3대째 전통적인 방식으로 한지를 제작하고 있음
  - 한지는 서울 인사동 등 전국으로 납품하고 있음

7) 금계마을

■ 자연자원: 경관자원
- 독바위
  - 항아리 주둥이 모양처럼 생긴 바위

- 등구사지 터
  - 등구사라는 절이 있던 자리

- 임천(엄천)강
  - 임천(엄천)강은 지리산의 뱀사골과 칠선계곡, 백무동계곡 등 여러 지천이 흘러든다. 임천(엄천)강의 상류 쪽은 폭이 좁고 험한 계곡을 이루다가 생초면에서 경호강과 합쳐짐

- 금대암 전나무
  - 금대암 안쪽에 있는 전나무. 경상남도 기념물 제212호로 지정되어 있음

- 금대암에서 본 천왕봉
  - 한눈에 조망할 수 있는 최고의 지리산 조망대임

- 금대암에서 본 다랑논
  - 한눈에 펼쳐져 보이는 다랑논의 모습이 장관임

■ 자연자원: 지역자원
- 옻칠
  - 옻나무에서 얻는 천연수지 유성도료나무. 예로부터 금속이나 목공 도장용(木工塗裝用)으로 가장 소중히 여겨 왔던 도료로서 특히 칠기류에 많이 사용됨

- 넝쿨 콩
  - 까치콩 · 나물콩 · 제비콩 · 변두라고도 함. 검은 줄 사이에 흰 줄무늬가 있어서 까치와 비슷하다는 의미에서 작두(鵲豆)라고도 함

■ 문화자원: 시설자원
- 금대암
  - 신라 태종 무열왕3년(656)에 행호조사(行乎祖師)가 창건한 것으로 전해지고 있으며 금대사(金臺寺)라고도 함. 1950년 6 · 25 전란 때 소실된 뒤 금대암 복구 기성회가 조직되어 중건되었고 신라 도선국사가 참배지로 인정했음

- 안국사
  - 대한불교 조계종 제12교구 본사인 해인사의 말사임. 656년(신라 태종무열왕3) 행우(行宇)가 창건하였음
  - 1430년(조선 세종12) 천태종의 판사도대선사(判事都大禪師) 행호(行乎)가 금대암(金臺庵)과 함께 중창했으나 1598년(선조31) 8월 29일에 왜군 5백 명이 쳐들어와 불태웠음

■ 문화자원: 향토설화자원

- 금대암 창건설화
  - 신라 태종 무열왕3년(656)에 행호조사(行乎祖師)가 창건한 것으로 전해지고 있음

8) 의중마을

■ 자연자원: 경관자원

- 화암대
  - 신성환(申聖桓)의 소점(所點)임

- 구룡대
  - 지리산(智里山)의 명승지인 용유담(龍遊潭)에 있었던 구룡들을 상징하는 곳, 용유담의 언덕에 있는 정자

- 보호수 느티나무
  - 매년 음력 7월 7일이면 풍년과 마음의 평온을 위하여 느티나무에 당산제를 지내고 있음. 1972년 보호수로 지정됨(의평마을)

- 임천(엄천)강
  - 임천(엄천)강은 마천면서부터 시작하여 약 30여 km 구간임. 상류 대정리를 지나 실상사 아래쪽에는 군데군데 보가 놓여 있음. 언덕 아래 길로 내려서면 용유담을 가로지르는 구름다리가 놓여 있음

■ 자연자원: 지역자원

- 옻칠
  - 옻나무에서 얻는 천연수지 유성도료나무. 예로부터 금속이나 목공 도장용(木工塗裝用)으로 가장 소중히 여겨 왔던 도료로서 특히 칠기류에 많이 사용됨

■ **문화자원: 시설자원**

• 벽송정

  - 의탄 서쪽에 있는 놀이터. 중종 때 벽송대사가 나무로 매를 만들어 날리니 이곳에 앉아서 놀았음

■ **문화자원: 향토설화자원**

• 망부의 느티나무 전설

  - 성품이 온화한 부부가 살았는데 남편이 과거를 보러 나갔다가 산적에게 죽임을 당함. 그 부인도 남편을 기다리다가 결국 죽게 됨. 마을 사람들이 이를 불쌍히 여겨 마을에 느티나무를 심고 그곳에서 청년들이 공부를 하여 많은 인재가 나왔다는 전설이 있음

9) 추성마을

■ **자연자원: 경관자원**

• 칠선계곡

  - 설악산의 천불동 계곡과 한라산의 탐라계곡과 함께 우리나라 3대 계곡으로 손꼽힘. 지리산의 대표적인 계곡이면서 험난한 산세와 수려한 경관, 그리고 지리산 최후의 원시림을 끼고 있는 칠선계곡은 7개의 폭포수와 33개의 소가 펼쳐지는 대자원의 파노라마처럼 천왕봉 정상에서 마천면 의탄까지 장장 18km에 걸쳐 길게 이어져 있음

• 쑥밭재

  - 품개동에서 산청군 삼장면으로 넘어가는 고개

• 천왕봉

  - 해발 1,915m, 지리영봉의 제1봉인 천왕봉, 아래로 땅을 누르고 위로는 하늘을 찌를 듯 우뚝 솟아 있음. 천왕봉의 거대한 바위를 예로부터 하늘을 받치는 기둥이란 의미를 풀이해 천주라 불렀음

• 벽송사 도인송과 미인송

  - 한 소나무는 푸른 빛을 띤 창연한 모습이 위의를 갖춘 도인처럼 생겼다 하여 옛날 스님들이 도인송이라 불렀고, 다른 한 소나무는 키가 크고 몸이 날씬하며 모습도 단아한 미인처럼 생겼다 하여 미인송이라 이름 하였다고 전함

■ 자연자원: 지역자원

• 두지터
 - 추성 동남쪽에 있는 마을

• 옻칠
 - 옻나무에서 얻는 천연수지 유성도료나무. 예로부터 금속이나 목공 도장용(木工塗裝用)으로 가장 소중히 여겨 왔던 도료로서 특히 칠기류에 많이 사용됨

■ 문화자원: 시설자원

• 벽송사
 - 보광전을 중심으로 좌우에 건물 한 채씩 그리고 앞쪽에 일주문과 종루, 뒤쪽에 산신각이 있는 아담한 절임. 창건 연대를 신라 말이나 고려 초로 추정하고 있음. 조선 중종 15년(1520)에 벽송 지엄대사가 중창하여 벽송사라 하였으며, 한국전쟁 때 인민군의 야전병원으로 이용된 적이 있었음

• 서암정사
 - 벽송사로부터 서쪽으로 600여 m 지점에 위치하여 천연의 암석과 조화를 이루고 있는 사찰. 한 국전란으로 인하여 황폐해진 벽송사를 다시 재건한 원응스님이 지리산의 장엄한 산세를 배경으로 수려한 자연자원과 조화롭게 자연암반에 무수한 불상을 조각하고 불교의 이상세계를 상징하는 극락세계를 그린 조각법당을 10여 년간에 걸쳐 완성하였음

• 추성산성
 - 백제와의 전쟁에서 방어하기 위해 쌓은 성

• 벽송사 삼층석탑
 - 보물 제474호 전체 높이 3.5m로 재료는 화강암임. 2중 기단(基壇) 위에 세워진 3층 석탑으로, 지면 위에 넓은 지대석(地臺石)을 깔고 그 위에 기단부를 받게 하였음. 하층기단 하대석(下臺石)은 형식적으로 천각(淺刻)하고, 중석에는 우주(隅柱)와 탱주(撑柱)가 각각 1주씩 있음. 탑신부(塔身部)는 옥신(屋身)과 옥개석(屋蓋石)이 각각 1석으로 되었으며, 아무런 조식(彫飾)이 없음

• 벽송사 나무장승
 - 풍부한 표정에서 민중미학의 본질을 유감없이 보여주는 빼어난 장승 가운데 하나이며, 조각솜씨도 뛰어남. 사찰 입구에 세워져 사천왕이나 인왕의 역할을 대신하여 잡귀의 출입을 막는 수문장이었을 것으로 생각됨

- 묘법연화경책판
  - 한국 천태종(天台宗)의 근본경전인 『묘법연화경(妙法蓮華經)』은 불경의 하나로 『법화경(法華經)』이라 약칭하며 현재 벽송사(碧松寺)에 보관되어 있음. 7권 28품으로 되어 있고, 『화엄경』과 함께 한국 불교에 큰 영향을 미쳤으며, 회삼귀일사상(會三歸一思想)이 가장 중요한 사상으로 평가됨

- 벽송당 지엄명전
  - 1997년 1월 30일 경상남도 유형문화재 제316호로 지정됨. 조선 중종 때의 고승인 지엄(智儼)의 영정 크기는 가로 85cm, 세로 134cm이며 견본채색(絹本彩色)으로 통도사 삼화상진영(通度寺三和尙眞影: 경남유형문화재 277)과 비슷한 기법임

■ **문화자원: 향토설화자원**
- 구형왕 전설
  - 함양군 자료에 의하면 "추성리는 지리산 천왕봉의 북쪽에 위치한 골짜기로 가락국 구형왕이 이곳에 와서 성을 쌓고 추성이라 하였으며, 또 박회성이란 성도 있는 곳으로 두 개의 산성지가 있다"라고 되어 있음

- 두지터 전설
  - 곡식이나 식량을 저장하는 곳이었다는 전설이 있음

- 지리산 성모전설
  - 지리산 성모사는 수백 년 전부터 마천면민의 의식과 신앙에 지대한 영향을 끼쳤고, 무당들이 천왕봉의 성모사를 참배하거나 굿을 하였음. 그로 인해 마천면민의 의식 속에는 음으로 양으로 무속신앙이 짙게 뿌리를 내리고 있음

■ **인적자원: 과거인적자원**
- 벽송 지엄대사
  - 세조(世祖)10년 전북(全北) 부안(扶安)에서 송복생(宋福生)의 아들로 태어남. 대사(大師)의 호(號)는 야노(野老) 당호(堂號)는 벽송당(碧松堂) 법명(法名)은 지엄(智嚴)임. 28세 때 계룡산(鷄龍山)의 조계 대사(祖溪 大師)를 찾아가 출가(出家)하였고 황악산(黃岳山) 직지사(直指寺)의 벽계 정심선사(碧溪 淨心禪師)에서 활연대오(豁然大悟)하였음

- 구형왕
  - 가락국의 제10대 왕(재위 521~532) 겸지왕(鉗知王)의 아들이자, 각간(角干) 김무력(金武力)의 아버지이며, 김유신(金庾信)의 증조부(曾祖父)임. 532년(신라 법흥왕19) 신라에 항복하여 상등(上等)의 벼슬과 가락국을 식읍(食邑)으로 받았음

10) 송대마을

■ 자연자원: 경관자원

• 자연와불
  - 함양군 휴천면 송전리 송대마을 뒤 선녀굴이 있는 지리산에 보이는 부처님 옆얼굴 모습이 부처의 누워 있는 전체 모습이 용유담 건너편 견불동 마을에서도 자세히 보이기 때문에 이 마을을 견불동이라 부름

• 음양바위
  - 남녀 성기 모양을 한 바위

• 근원바위
  - 바위를 긁어 낸 가루를 먹으면 부부 금술이 좋아진다는 바위

• 수태바위
  - 아기를 태어나게 한다는 바위

• 임천(엄천)강
  - 임천(엄천)강은 마천면서부터 시작하여 약 30여 km 구간임. 상류 대정리를 지나 실상사 아래쪽에는 군데군데 보가 놓여 있음. 언덕 아래 길로 내려서면 용유담을 가로지르는 구름다리가 놓여 있음

• 용유담
  - 마천과 휴천 경계인 휴천면 송정리에 속함. 지리산 북쪽의 백무동계곡(白武洞溪谷), 삼정계곡(三鼎溪谷)과 전라북도 운봉에서 흐르는 물이 합류해 임천(엄천)강을 이루고 화강암(花崗岩)으로 된 기암괴석(奇巖怪石) 속에 우레와 같은 폭포 소리를 내며 떨어져 만들어 낸 호수임

■ 자연자원: 지역자원

• 빨치산 전시관
  - 민족의 영산 지리산을 중심으로 6·25 한국전쟁을 전후하여 지리산에서 활동한 빨치산을 테마로 빨치산들의 생활상, 군경의 토벌 상황과 양민들의 고통을 생생한 자료를 통하여 전시하고 있는 역사공간으로 빨치산의 실체와 역사를 돌아볼 수 있는 산 교육장임

■ 문화자원: 시설자원

• 마적암
  - 고승 마적(馬迹)이 살았다는 것으로 명칭을 하였음. 앞에는 유가대(瑜珈臺)가 있고, 밑에는 수

잠탄(水潛灘)이 있으며 탄 위는 곧 용유담(龍遊潭)임. 마적암은 본조 중 행호(行乎)가 창건한 것임(터만 있음)

- 문수사
  - 문수사는 원래 신라시대 마적조사가 건립한 마적사의 부속 암자였으나 마적사가 폐사된 이후 엄천사 산하의 암자로 소속되었다가 엄천사가 폐사되면서 삼존불은 밀양 표충사에서 모셔갔고 본존불은 문수사 법당에 모셨음. 흥폐를 거듭하다가 한국전쟁 시 소실되었음. 사지로 있던 곳을 영원사에 있던 하담경률(荷潭瓊律) 대사가 1968년부터 중창하였음

- 백련암
  - 이백년과 이억년 형제의 명복(冥福)을 빌기 위하여 세워진 암자

- 화산재
  - 백련에 있는 서당

- 노장대
  - 운서리(雲西里)의 장동(將洞)을 지나 깊은 골짜기가 있음. 옛날에는 엄천사(嚴 川寺) 산하(傘下)의 암자(庵子)로서 부채미륵이 있는 가리암, 비아암, 수도암 등의 암자(庵子)들이 있었으며 여수 · 순천반란사건(麗水 · 順天叛亂事件) 후에는 공비(共匪)들의 소굴(巢窟)로서 빨치산 비밀(秘密) 아지트가 많았던 곳임

■ **문화자원: 향토설화자원**
- 마적도사 전설
  - 옛날 마적도사가 종이에 쇠도장을 찍어서 나귀에게 부쳐 보내면 나귀가 짐을 실어 날랐음. 용이 여의주를 갖기 위해 싸우는 소리에 나귀의 울음을 못 듣게 되었음. 기다리다 지친 나귀는 결국 죽었고 그 자리에 나귀바위가 생김

- 구룡정기 전설
  - 용유담은 아홉 용의 굴집으로, 그 근원이 운봉으로부터 시작하여 여러 간수(澗水)가 합류하여 나는 폭포가 되고, 물이 도는 곳은 못이 되고, 양쪽 기슭 암석이 들쭉날쭉하여 일치하질 않아서 용이 거쳐 간 상이 완연하고, 솔과 불가사리가 참치하여 우거져서 봉이 날다가 숨을 듯하니 해상의 봉래섬은 두루니 속의 천지 같음

- 거품소 전설
  - 일본인 잠수부가 큰 물고기를 잡으려고 거품소를 들어갔는데 그곳에서 큰 구렁이 같고 머리에는 뿔이 나 있으며 눈빛(眼光彩)은 직사광선을 쏘는 것처럼 화안하게 비치는 동물을 보고 혼비백산(魂飛魄散)하여 헤엄쳐 나온 후부터는 일절 고기잡이를 하지 않았다고 함

- 마적도사 전설
  - 마적도사가 키우는 나귀가 짐을 운반해주는 일을 하였는데 하루는 용 아홉 마리가 여의주를 갖겠다고 싸우는 소리에 나귀가 우는 소리를 듣지 못함. 지친 나귀는 결국 죽었고 화가 난 마적도사는 용을 다 내쫓았다는 전설이 있음

- 구룡병풍과 가사어 전설
  - 구룡병풍 중 이 소병풍(小屏風)은 아홉 마리 용들이 평화롭고 자유롭게 헤엄쳐 노는 형상을 그린 병풍으로서 높이가 다섯 자, 구폭병풍(九幅屏風)으로 되어 있었으나 일제시대 때 서울 박람회(博覽會)에 출품하였다가 아깝게도 없어지고 말았음

■ 인적자원: 과거인적자원
- 빨치산
  - 정순덕, 이홍이, 이은조. 빨치산 멤버 중 마지막까지 남았던 3명

- 김종직
  - 본관은 선산, 호는 점필재 밀양 서대동에서 태어났음. 23세 때 진사시에 합격하여 성균관에서 수학했고 29세 때에는 문과시험에 합격하였음. 40세 때인 1470년 함양군수가 되었음. 1472년 지리산을 유람하고 『유두류록』을 지었음

11) 세동마을

■ 자연자원: 경관자원
- 닥나무
  - 저상(楮桑)이라고도 함. 아시아가 원산지이고 산기슭의 양지 쪽이나 밭둑에서 자람. 높이는 3m에 달하고 작은 가지에 짧은 털이 있으나 곧 없어짐. 나무껍질은 회갈색임. 예전에는 많았다고 함. 지금은 거의 찾아볼 수 없음

- 일신재
  - 옛 서당

■ 문화자원: 시설자원
- 석각군(石刻群)
  - 글씨나 그림을 새겨 넣은 여러 개의 바위

- 효자 신영언
  - 정려비각. 효자 신영언은 신택재(申宅載)의 후손으로 본관은 평산임. 모친상에 시묘할 때 범이 와서 지켰음. 후에 집에 불이나 와병 중인 부친에게 불길이 미치게 되자 머리를 두드리면서 불을 향해 통곡하며 하늘에 비니, 바람이 되불어 불이 저절로 꺼졌음. 고종28년(1891)에 동몽교관에 추증하고 정려함. 성대(惺臺) 윤시영(尹始榮)이 신효자 정려서를 지었음

■ **문화자원: 향토설화자원**

- 사도세자 이야기
  - 전설(傳說)에 의하면 역사상(1762년) 사도세자(思悼世子)가 북벌을 꿈꾸고 인재를 구하고자 삼천리강산(三千里江山)을 두루 편답하면서 세동 첫 당산 정자나무 밑에 쉬어갔음. 그 후 사도세자가 이 같은 꿈을 이루지 못하고 부왕(父王)의 엄명에 따라 뒤주 속에 갇혀 죽게 되자 동민들이 그를 애석하게 여겨 추모(追慕)하는 행사를 가짐. 그러나 6 · 25 전행 이후 당산제와 함께 모두 사라져 자취를 감추고 말았음

■ **인적자원: 과거인적자원**

- 효자 신영언
  - 효자 신영언은 신택재(申宅載)의 후손으로 본관은 평산임. 모친상에 시묘할 때 범이 와서 지켰음. 후에 집에 불이나 와병 중인 부친에게 불길이 미치게 되자 머리를 두드리면서 불을 향해 통곡하며 하늘에 비니, 바람이 다시 불어 불이 저절로 꺼졌음

자연자원 콘텐츠	동식물	마을 느티나무	마을마다의 보호수
		옛길의 나무들과 숲	
		야생화, 약초	
		곤충	
	무생물	강	만수천, 엄청
		바위	매동 세심대, 금계 독바위 의중 미륵바위, 구룡대, 송대 음양바위, 수태바위
		논	상황 다랑논, 금대암에서 본 다랑논, 창원 다랑논
		산	지리산 천왕봉 조망, 수청산, 창암산, 자연와불
문화자원 콘텐츠	불교	삼국시대 사찰	군자사, 벽송사, 법화사, 엄천사, 문수암
		통일신라 사찰	실상사, 백장암, 안국사, 금대사, 견불사
	유교	제각	매동 퇴수정, 관선재, 경모재, 효우재, 상황 파평윤씨 제각, 창원 서당과 제각, 세동 일신재
		비석	매동 석각군(石刻群), 창원 부사 이득준비 세동 석각군(石刻群), 효자 신영언 정려비각
	무교	당산제	마을 당산나무
		누석단	중황 누석단
		굿터	용유담, 백우동
	설화	전설	추성 지리산 성모전설, 의중 가사어전설, 마천 옹녀와 변강쇠, 송대 마적도사
		역사	추성 구형왕 전설, 추성산성, 두지터, 송대 빨치산전시관
인적자원 콘텐츠	지역민	목기	원백일 김을생, 중기 양재경(옻칠), 백일 정상길
		한지	하황 신평식, 창원 이상옥
		노동요 구연자	상황 상여소리, 노동요, 하황 상여소리
		설화 구술자	마을마다
	귀농인	단체	인드라망 공동체, 지리산생명연대
		개인	중기 한태주, 창원 산촌유학

봄	자연	봄 야생화 탐사, 야생화 편지 쓰기
	사람	효소와 야행차 만들기, 다랑논 물대기, 논갈이, 모심기, 각 사찰 사월초파일 행사
여름	자연	민물고기 탐사, 다슬기 잡기. 물놀이
	사람	지리산생명문화교육원 계절학교
가을	자연	칠선계곡 단풍, 각종 열매 따기
	사람	산내면 가을한마당, 효소 만들기, 감 따서 곶감 만들기, 추수하기
겨울	자연	눈 덮인 지리산, 눈 덮인 산사에서의 하루, 눈썰매 타기
	사람	실상사 김장축제, 지리산생명문화교육원 명상학교, 겨울철 별자리(동양별자리), 각 마을 대보름행사
소리	자연의 소리	새소리
		동물소리
		바람소리
	산사의 소리	범종과 풍경소리
		예불소리
		스님의 법문
	무교의 소리	용유담의 굿소리
	삶의 소리	대안을 꿈꾸는 사람들의 소리
		노동요
		설화
눈	산 풍경	지리산
	물 풍경	임천(엄천강)
	삶 풍경	다랑논
		마천 5일장
	문화재 풍경	산내, 마천, 휴천의 각종 문화재
	자연 풍경	야생화
		곤충
		민물고기
손	목기체험	
	한지체험	하황: 신평식, 창원: 이상옥
	염색체험	원백일: 염색단, 중황: 귀농팀
	친환경농업	실상사농장
머리	가야역사 탐사	구형왕 전설, 두지터, 산성
	사찰 탐사	여러 사찰들
	비석 탐사	산내, 마천, 휴천의 비석과 석각군
	모정 탐사	
명상	명상프로그램	지리산생명문화교육원
	사찰 명상	여러 사찰
	걷기 명상	여러 길에서

부록 1

지리산 둘레길(매동~세동)

인월~금계 구간은 지리산 둘레길 시범구간이었다. 개통지인 지리산 북부지역 남원시 산내면 매동마을과 함양군 마천면 금계마을을 포함하는 길로 전라북도와 경상남도를 잇는 등구재를 중심으로 지리산 주능선을 볼 수 있으며 만석지기가 나올 정도로 넓게 펼쳐진 다랑논과 산촌마을이 자리하고 있는 곳이다.

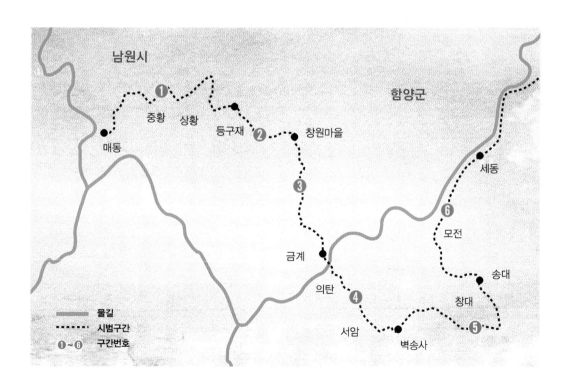

부록 2

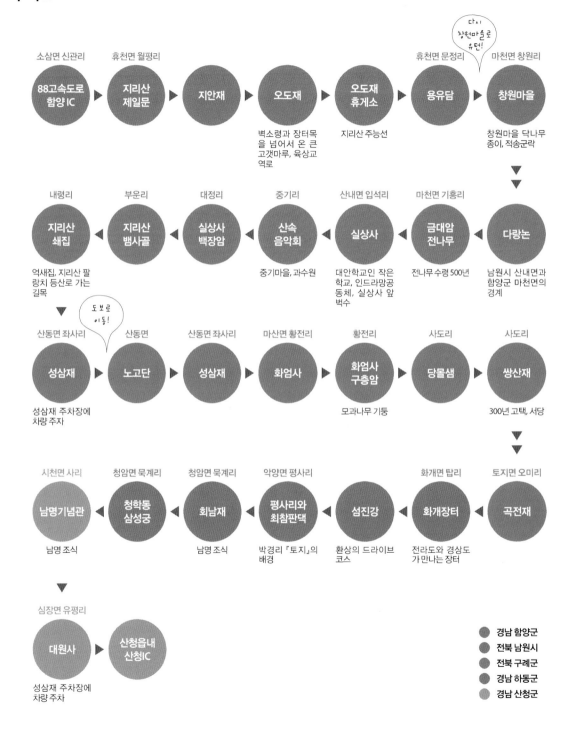

소삼면 신관리
88고속도로 함양IC

휴천면 월평리
지리산 제일문

지안재

오도재
벽소령과 장터목을 넘어서 온 큰 고갯마루, 육상교역로

오도재 휴게소
지리산 주능선

휴천면 문정리
용유담

마천면 창원리
창원마을
창원마을 닥나무 종이, 적송군락
다시 창원마을로 유턴!

내령리
지리산 쇄집
억새집, 지리산 팔랑치 등산로 가는 길목

부운리
지리산 뱀사골

대정리
실상사 백장암

중기리
산속 음악회
중기마을, 과수원

산내면 입석리
실상사
대안학교인 작은 학교, 인드라망공동체, 실상사 앞 벅수

마천면 기흥리
금대암 전나무
전나무 수령 500년

다랑논
남원시 산내면과 함양군 마천면의 경계

산동면 좌사리
성삼재
성삼재 주차장에 차량 주자
도보로 이동!

산동면
노고단

산동면 좌사리
성삼재

마산면 황전리
화엄사

황전리
화엄사 구층암
모과나무 기둥

사도리
당몰샘

사도리
쌍산재
300년 고택, 서당

시천면 사리
남명기념관
남명 조식

청암면 묵계리
청학동 삼성궁

청암면 묵계리
회남재
남명 조식

악양면 평사리
평사리와 최참판댁
박경리 『토지』의 배경

섬진강
환상의 드라이브 코스

화개면 탑리
화개장터
전라도와 경상도 가 만나는 장터

토지면 오미리
곡전재

심장면 유평리
대원사
성삼재 주차장에 차량 주자

산청읍내 산청IC

● 경남 함양군
● 전북 남원시
● 전북 구례군
● 경남 하동군
● 경남 산청군

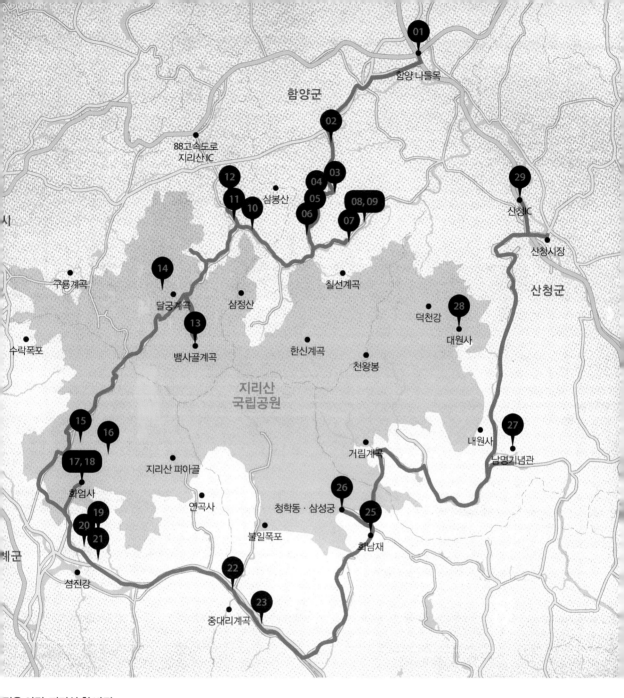

깊은 여정, 지리산 한 바퀴

고속도로 함양 나들목(경남 함양군 소상면 신관리) → **02** 지리산 제1관문(경남 함양군 휴천면) → **03** 지안재(경남 함양군 휴천면) → **04** 오도재(벽소령과 장터목을 거쳐 온 길로, 육십교역로/경남 함양군 휴천면 월평리) → **05** 오도재 휴게소(지리산 주능선/경남 함양군 휴천면) → **06** 창원마을 적송군락/닥나무 종이 만드는 집(경남 함양군 마천리) → **07** 용유담(추성계곡 방면/경남 함양군 휴천면 문정리/다시 창원마을 방면으로 유턴) → **08** 다랑논(함양군 마천면과 남원시 산내면 행정구역 경계에 위치한 다랑논) → 암 전나무(경남 함양군 마천면 기흥리) → **10** 실상사 및 인드라망 공동체(전북 남원시 산내면 입석리) → **11** 중기마을(아버지와 아들의 산속 음악회/전북 남원시 산내면 중 ... 실상사 백장암(전북 남원시 산내면 대정리) → **13** 지리산 뱀사골(전북 남원시 산내면 부운리) → **14** 지리산 쇄집(억새집/전북 남원시 산내면 내령리) → **15** 성삼재(전 산동면 좌사리) → **16** 노고단(전남 구례군 산동면) → **17** 화엄사(전남 구례군 마산면 황전리) → **18** 화엄사 구층암(전남 구례군 마산면 황전리) → **19** 당몰샘(전남 구례 사도리) → **20** 쌍산재(전남 구례군 마산면 사도리) → **21** 곡전재(전남 구례군 토지면 오미리) → **22** 화개장터(은어튀김/경남 하동군 화개면 탑리) → **23** 섬진강 → **24** 평 리 토지/경남 하동군 악양면 평사리) → **25** 회남재(경남 하동군 청암면 묵계리) → **26** 청학동·삼성궁(경남 하동군 청암면 묵계리) → **27** 남명기념관(경남 산청군 시천면 ... **28** 대원사(경남 산청군 심장면 유평리) → **29** 산청읍내·산청IC

참고문헌

국민대학교 국사학과, 『지리산 문화권』, 역사공간, 2004.

김용근(편), 『산내면지』, 지리산판소리문화연구소, 연도 미상.

마천면, 『마천향토지』, 연도 미상.

뿌리깊은 나무, 『전라북도』, 1984.

신경호, 『산문기행: 조선의 선비. 산길을 가다』, 이가서, 2007.

이중환, 『택리지』, 을유문화사, 2006.

이필영, 『마을신앙으로 보는 우리문화 이야기』, 웅진닷컴, 1994.

정동주, 『조선 오백년 불교탄압사 부처. 통곡하다』, 이룸, 2003.

정우락, 『남명문학의 현장』, 경인문화사, 2006.

최석기, 『남명과 지리산』, 경인문화사, 2006.

최화수, 『지리산 上』, 국제신문, 1994.

최화수, 『지리산 下』, 국제신문, 1994.

허권수, 『절망의 시대 선비는 무엇을 하는가: 실천이 사상가 남명 조식과의 만남』, 한길사, 2001.

휴천면, 『휴천면지』, 2000.

최석기외, 『선인들의 지리산 유람록』, 돌베개, 2000.